결핍이 만든 행복

결핍이 만든 행복

글. 전은태

더좋은출판

프롤로그

고민이 많았다. 나 같은 사람도 책을 낼 수 있는지, 남다르게 배운 게 많거나 경륜을 쌓은 것도 아니면서, 그렇다고 자랑할만한 엄청난 부와 명예를 가진 것도 아닌데…. 그런데도 '자전적 에세이'라는 이름으로 책을 내는 건 몇 가지 확실한 이유가 있어서다. 나는 가난한 집에서 태어났고 태어난 지 얼마 되지 않아 병을 얻어 다리를 절게 됐다. 치료가 어려운 질병도 아니었지만, 돈이 없어 병원 치료를 미루는 바람에 큰 장애를 안고 살게 되었다.

말귀를 알아들을 때부터 "저놈 뭘 해 먹고 살려나, 장가는 갈 수 있을까"라는 소리를 부모님과 이웃들에게 수없이 들어야 했다. 하지만 삶을 포기할 수 없었다. 가난하다고 해서, 장애가 있다고 해서 무시당하고, 조롱받는 삶이 당연하진 않았다. 어떻게든 살아남아 떳떳한 사회인으로 당당히 살아가고 싶었다. 가난이나 장애를 떠나서 누구나 살면서 크고 작은 시련과 역경을 반복적으로 겪게 된다. 산다는 건 여러 가지 도전과 어려움을 끊임없이 극복해 가는 과정이다.

이 책에서 나는 '성공'을 말하고자 했다. 어쩌면 '포기하지 않고 꾸준히 노력하면 성공한다'는 뻔한 성공담으로 보일 수도 있다. 하지만 이 책을 통해서 하고 싶은 진짜 얘기는 '성공' 뒤에 숨어있는 '실패'에 대한 경험들이었다. 모든 일이 언제나 뜻대로 이루어진다면, 그는 아마도 사람이 아니라 신일 것이다. 누구나 실패를 경험하게 되고 실패를 경험하면 좌절하기 마련이다. 하지만 어떤 사람은 며칠 만에 툴툴 털고 일어나 다시 새로운 도전을 꿈꾸는 반면 누군가는 오랜 기간 주저앉아 헤매기도 한다. 그렇다면 이 두 부류의 사람은 어떤 차이로 이렇게 서로 다른 행동방식을 보이는 걸까.

삶의 시작부터 가난했고, 중증장애인이었던 내가 '자동차 업계의 백종원'이라는 별칭을 얻게 된 건 간절함이 있었기 때문이었다. 많은 사람들이 다시 일어서는 힘을 약하게 만드는 가장 부정적인 정서가 두려움이라고 말한다. 두려움에서 좌절이 나오고 좌절감에서 분노가 싹튼다고 믿고 있다. 사람들은 가지고 싶은 것을 가지지 못할 때, 가진 것을 잃을까 봐 두려워한다. 나는 이 책을 통해 어떠한 실패나 역경도 '나를 불행하게 할 수 없다'는 마음 상태를 유지하는 방법을 알려

주고 싶었다. 나의 삶이 어떻게 전개되든, 나에게 어떠한 삶의 조건이 주어지든, 실패에 대한 어떠한 두려움도 없는 도전성을 갖게 해주고 싶었다. 더는 물러설 곳이 없다는 두려움이 나에게 간절함을 만들어 주었다. 또 가난과 장애라는 결핍은 사람에 대한 소중함을 깨닫게 했다. 받는 것보다 주는 것이 중요하다는 이치를 알게 해주었다.

소중한 사람에게 베풀며 살아온 덕에 나는 강한 사람이 됐다. 강한 사람은 힘이 센 사람일까? 많이 배우고 돈이 많은 사람일까? 강한 사람은 내가 잘되기를 진심으로 바라는 사람이 많은 사람이 강한 사람이라는 걸 알게 해주었다. 한쪽 문이 닫히면 다른 한쪽 문이 반드시 열린다는 확신도 갖게 해주었다. 실패로 끝나는 인생은 노력하지 않아서가 아니라 닫힌 문을 바라보느라 열린 문을 미처 발견하지 못해서다. 비록 짧은 인생을 살았고, 어디 내놓고 자랑할만한 성공은 이루지 못했지만, 누군가 이 책을 보고 용기를 내 새로운 희망을 꿈꾸게 된다면 좋겠다는 마음으로 부끄러움을 무릅쓰고 책을 내게 됐다.

가난한 집에서 태어나 '절름발이' 소리를 들으며 막연히 '성공하리라' '부자가 되리라' 다짐하며 온갖 상상을 하던 어린 시절의 기억을 담았다. 그리고 돈을 벌어야 한다는 일념으로 무조건 앞만 보고 달려가며 도전했던 청년기, 작은 성공에 취해 부자행세를 하다 사업에 실패한 경험도 가감 없이 고백했다. 이런 실패의 경험들을 바탕으로 돈

한 푼 없이 시작한 렌터카 사업을 전국으로 확산시킨 비법(?)도 숨김없이 공개했다.

인생은 종합예술이다. 나를 성공으로 이끌고, 성공한 사람이 되려면 어떤 한 가지만 잘해서는 되지 않는다. 무엇보다 나 스스로를 잘 경영해야 한다. 이렇게 다양한 성공 요인들은 '결핍'이라는 자산으로부터 시작된다고 나는 믿고 있다. 오늘 누군가 힘든 삶을 살고 있다면 내게 없는 것들, 즉 결핍이 성공을 만드는 가장 기초적인 자산이 될 거라는 믿음을 갖기를 바란다. 그리고 실패의 경험들이 또 다른 결핍과 절실함을 만들어 생각의 폭을 넓히고 새로운 인생의 문을 열고 삶의 길을 열어 줄 것이라는 확신을 갖기를 희망한다.

부족한 글을 봐주고 조언해준 많은 선배, 후배, 친구들에게 고마운 마음을 전한다. 특히 책이 나오기까지 성심으로 함께해 준 〈더좋은출판〉에 감사하다. 이 책에서 다하지 못한 이야기는 다음 책에 담아보자는 약속이 작은 보답이 되기를 바란다.

이번에 출간한 〈결핍이 자산이다 I〉는 살아오면서 겪어야 했던 시련과 역경을 어떻게 극복하며 앞으로 나아갔는지에 대한 스토리를 담았다. 계획 중인 〈결핍이 자산이다 II〉는 다시 일어서는 힘과 관련된 다양한 학술적인 이론들을 삶에 어떤 방식으로 적용해야 하는지를 다뤄보고자 한다. 그렇다고 학술서가 되지는 않을 것이다. 실전편이라는 말이 더 적합할지도 모르겠다. 당신의 삶에 길을 열어 줄 실전 노하우를 숨김없이 전달할 생각이다.

세상에 전할 이야기 1편을 마치며 전은태

한끼 식사에 오천원 하는 동네 할머니 집밥 앞에서

목차

프롤로그 04

1부 결핍이 만든 성공에너지

가난이 만든 꿈	15
장애가 만든 생존본능	19
눈치가 만든 공감 능력과 신뢰	23
체육 시간이 만든 두뇌 트레이닝	29
'내돈내산'이 만든 자신감	35
성공이 만든 또 다른 성공	39
죽을 고비가 만든 삶의 자세	43
야식집에서 만난 인생 반전	49

2부 결과는 생각보다 늦게 찾아온다

다시 꾸게 된 꿈	55
인생 반전의 기회	59
슬기롭지 않았던 감방 생활	67
기회 뒤에 찾아온 위기	75
다시 찾아온 기회	83
결과는 생각보다 늦게 찾아온다	89
생각의 폭	97
새벽 출근	101

3부 내 인생의 사람들

그리운 어머니	111
이철우 선생님	117
여자친구의 어머니	123
내 인생의 내비게이션 조영진	127
내가 본 전은태(이유림·이지원·신용일·박성욱)	132

1부

결핍이 만든
성공에너지

이렇게 추운 겨울에 거리로 쫓겨나면
어떻게 하지'라는 두려움이 밀려왔다.
이제 겨우 7살 나이에 '가난'이라는
공포를 온몸으로 느끼는 순간이었다.

#엄마 #가난 #장에 #돈 #부자 #꿈 #복수

가난이 만든 꿈

추운 날씨에 손이 트고 연신 누런 콧물을 훌쩍이면서도 친구들과 노는 데 정신이 팔려 해 질 녘에서야 집에 들어갔다. 다리를 저는 못난 막내아들을 자나 깨나 걱정하던 엄마가 "어디서 뭐 하다 이제 들어오냐" 나무라실지 모른다는 걱정 때문이었을까. 유난히 붉었던 노을을 뒤로하고 집으로 돌아가는데 뭔지 모를 불안감이 몰려왔다.

집 앞에 다다라 아무렇지 않은 듯 "엄마 밥 줘. 배고파"를 외치려던 순간, 너무나 절박한 울음소리가 담장을 넘어왔다.

엄마…. 엄마의 울음소리였다.

순간 뒤돌아 도망치고 싶다고 생각했다.

이유도 모르는 채….

이렇게까지 소리 내어 울부짖는 엄마는 본 적이 없었기 때문에 겁이 덜컥 났다. 숨죽이며 대문을 열고 들어가 보니 풍로와 난로 같은 집안 세간들이 마당에 널브러져 있었다. 월세가 밀리자 집주인이 방을 빼라며 소동을 벌인 거였다. 40여 년도 더 된 기억이지만 난 지금도 집주인의 화난 목소리와 눈빛, 표정이 생생하게 기억난다.

마당에 털썩 주저앉아 넋 놓고 우는 엄마를 물끄러미 바라보았다. 얼마나 무서웠는지 당시에는 엄마가 불쌍하다거나 위로해야 한다는 마음보다 겁이 덜컥 났다.

'이렇게 추운 겨울에 거리로 쫓겨나면 어떻게 하지'라는 두려움이 밀려왔다. 이제 겨우 7살 나이에 '가난'이라는 공포를 온몸으로 느끼는 순간이었다. 처절한 엄마의 울부짖음 때문이었을까. 다행히 우리 가족은 살던 집에서 그해 겨울을 날 수 있었다.

난 그날 다짐했다. 돈을 벌어야겠다고, 어린 마음에 집주인이 미웠고, 나중에 커서 꼭 부자가 돼 집주인을 혼내줘야겠다고, 부자가 되는 것…. 그게 내 꿈이 되는 순간이었다.

이날의 기억은 인생을 살면서 내 인생에 엄청난 영향을 미쳤다. 어린 나이였지만, 이 세상을 어떻게 헤쳐 나아갈 것인가를 고민하는 계기가 됐다. 어떻게 돈을 벌어야 하나 연구하게 했다. 내가 원하는 게 있으면 먼저 내주는 게 있어야 한다는 이치도 알게 했고, 결국 사람이 돈을 벌게 해준다는 경험도 만들어 줬다. 실패를 두려워하지 않는 용기도 주었다. 절망이 찾아올 때마다 다시 일으켜 세우는 원동력이 되어주었다.

이제 와 생각해 보면 장애와 가난이
동시에 내게 온 게 얼마나 다행인지 모른다.
나에게 어느 한쪽의 결핍만 있었더라면,
이렇게까지 강력한 에너지를
만들어 내지 못했을 것이다.

#아버지 #절름발이 #결핍 #간절함 #성공에너지

절름발이 장애가 만든 생존본능

　자동차 타이어 대리점 사업을 하시던 아버지는 내가 태어나기 직전에 부도를 맞으셨다. 이후 아버지는 가정을 돌보지 못했고 방황하셨다. 집에 안 들어오시는 날도 많았다. 큰형과 둘째 형은 학교가 끝나면 학비와 생활비를 벌기 위해 석유 집에서 배달도 하고 아이스크림도 팔았다. 셋째 형은 학교에서 친구들 도시락을 뺏어 먹을 만큼 넉살이 좋았다.

　나는 늘 남의 눈치를 보고 자랐다. 태어난 지 18일 만에 나는 오른쪽 골반에 종기가 있었는데, 이를 제거하지 못해 종기가 번졌고 몸 오른쪽 전체에 염증이 퍼졌다. 하지만, 가난 때문에 병원 치료 한 번 제대로 받지 못했다. 결국, 비틀어진 얼굴에 다리까지 절어야 하는 장애를 얻었다.

동네 친구들로부터 '다리 병신', '절름발이' 소리를 들어야 했다. 어쩌다 놀아주는 친구가 생기면 어김없이 엄마들이 나타나 "쟤랑 놀지 말라"며 친구들을 데리고 도망치듯 사라졌다. 엄마들이 볼 때 병을 옮길지 모른다고 생각해서인지, 친구들이 절름발이 흉내를 내는 것이 못마땅해서인지 알 수 없었지만 난 언제나 친구 엄마들 눈치를 봐야 했다. 엄마는 이런 내 모습을 볼 때마다 깊은 한숨을 내쉬며 "저 녀석 나중에 커서 장가는 갈 수 있을까. 뭘 해 먹고 사려나" 같은 말을 입버릇처럼 하셨다. 자식 걱정에 악의 없이 뱉은 말이었지만 난 두려웠다. 걱정스러운 시선이 쌓일 때마다 장애가 있는 걸인이 장터에서 구걸하는 모습이 떠올랐다. 죽어도 인정하기 싫었다.

'가난하다고, 장애가 있다고 모두가 인생을 포기하고 사는 건 아니다' 목청껏 외치고 싶었지만 차마 입 밖으로 꺼내진 못했다.

'어떻게든 살아남아야 한다.'

'포기하지 않을 테다.'

'반드시 성공하고 말 거야.'

속으로 수도 없이 다짐했다. "뭘 해서 먹고살지?"라고 스스로 물을 수밖에 없는 환경이 강력한 생존본능을 만들었고 나를 여기까지 오게 했다.

이제 와 생각해 보면 어린 시절 나에게 장애와 가난이 동시에 온 것이 얼마나 다행인지 모른다. 이 두 가지 중 어느 한쪽의 결핍만 내게 있었다면, 이렇게까지 강력한 간절함으로 살지 않았을지 모를 일이다. 더는 물러설 곳이 없었기에 더욱 간절했고 그 절실함이 성공에너지를 만들었다. 장애가 있다고 해서 모두 성공하는 것도 아니고, 가난하다고 해서 다 성공하는 것은 아니다. 그런데 가난과 장애가 강인한 정신력과 악바리 근성을 키웠고 정확한 목표를 가지고 끊임없이 도전하게 한 건 분명한 사실이다. 더 물러설 곳이 없었기에, 남들과 출발점 자체가 달랐기 때문에, 남들보다 더 생각하고, 남들보다 노력할 수밖에 없었다. 이렇게 쌓인 생각과 행동들이 오늘날의 나를 만들었다.

엄마는 일하러 나가시기 전에 형들과 누나
몰래 내 손에 100원짜리 동전을 쥐여 주셨다.
'쌍쌍바'라도 사서 나눠 먹어야 친구들이
놀아준다는 사실을 잘 알고 계셨다.

#옥수수 술빵 #쌍쌍바 #친구 #놀림 #주고받기

눈치가 만든 공감 능력과 신뢰

 엄마는 매일 기차를 타고 여러 장터를 다니며 옥수수 술빵을 팔았다. 틈틈이 시간을 쪼개 자췻집 연탄 갈아주는 일이나 빨래를 해주는 일 같은 허드렛일을 도와주고 돈을 벌었다. 엄마 혼자 돈을 벌어 여러 남매를 먹여 살려야 하니 휴일도 없이 남들 잠든 새벽에 나가 지친 몸을 이끌고 밤늦게 돌아오셨다.

 형들도 아르바이트하느라 바빠서 난 늘 혼자였다. 친구들과 함께 놀 기회도 많지 않았다. 그 당시 놀이라는 게 대부분 뛰고 달리는 놀이였으니 다리가 불편한 나로서는 부러운 눈으로 쳐다만 봐야 했다. 대신 엄마는 일하러 나가시기 전에 형들과 누나 몰래 내 손에 100원짜리 동전을 쥐여 주셨다. '쌍쌍바'라도 사서 나눠 먹어야 친구들이 놀아준다는 사실을 잘 알고 계셨다. 엄마는 그저 장애가 있는 막내아들이 친구들에게 따돌림을 당하는 게 안쓰러웠던 거다. 뭐라도 사서 나눠 먹으면 놀아주는 친구들이 생길 테고 그래야 엄마를 기다리는 시간이 외롭지 않을 거라는 생각을 하셨던 거다.

어릴 적 동네 친구들은 나에게 '절름발이'라고 놀려댔다. 어느 순간부터는 체념하고 친구들이 그렇게 부르는 게 당연하다고 생각했다. 더 솔직히 말하면 그렇게라도 불려서 친구들이 재미를 느낀다면 함께 놀아주지 않겠나 기대했다. 친구들이 놀린다고 마음의 문을 닫으면 상처는 상처대로 남고 친구도 잃게 된다는 사실을 난 경험으로 잘 알고 있었다. 가끔 친구들이 재미 삼아 내가 절뚝거리며 걷는 모습을 흉내 내기도 했지만 난 상관없었다. '나로 인해 웃을 수 있으니 이제 나랑 자주 놀아주겠구나' 하며, 오히려 다행이라고 생각했다. 이런 마음가짐으로 친구들을 대하다 보니 친구들은 나를 놀리면서도 함께 놀아주었다.

난 친구들과 겉모습은 달랐지만 내가 틀린 건 아니라고 자신을 위로했다. 다르다는 이유로 세상과 선을 긋고 살 수만은 없었다. 결국, 난 친구들과 어울려 소통하는 방법을 더 연구하는 쪽을 선택했다.

난 친구들과 소통하는 것이 좋았다. 외톨이가 아니라서 즐거웠다. 내어 줄건 내어주고 타협하는 방법을 배우려고 노력했고, 그로 인해서 좀 더 단단해질 수 있었다. 신체적 불리함을 극복하고 마음의 응어리를 풀어내려고 안간힘을 썼다. 그 덕분에 모든 사람을 선입견 없이 같은 시선으로 바라보는 인격을 갖출 수 있게 됐다. 몸이 불편한 것은 결핍으로 느껴진다. 그러나 장애라는 결핍이 있다고 해서 모두가 좌절하고 인생을 포기하고 사는 건 아니라는 걸 보여주고 싶었다.

이제 와 생각해 보면 엄마가 내 손에 쥐여준 100원짜리 동전은 나에게 엄청난 자산이었다. 누군가에게 바라는 것이 있으면 상대가 원하는 걸 먼저 내줘야 한다는 이치를 일찌감치 깨닫게 해주었기 때문이다.

장애가 있는 내가 친구들과 놀기 위해서는 눈치가 빨라야 했다. 어려서부터 눈치가 빨랐던 나는 학창 시절 친구들이 무엇에 관심을 가지고 좋아하는지 알아채는 능력이 탁월했다. 친구들에게 뭘 바라기에 앞서 친구들이 원하는 걸 먼저 찾아 해주다 보니 친구들도 나를 좋아하기 시작했고, 그러다 보니 난 항상 친구들 중심에 있었다. 요즘 아이들 말로 하자면 난 '인싸'였다.

항상 친구들이 사이에 유행하는 이슈나 즐길 거리는 내가 이끌었다. 중학교 때는 그 당시 유행했던 댄스곡이나 발라드 음악을 장르별로 카세트테이프에 녹음해 공테이프 재룟값만 받고 나눠줬다. 롤러장 다니는 애들에게는 롤러스케이트에 달 수 있는 열쇠고리를 만들어 선물했다. 고등학교 다닐 때는 시험시간에 내가 잘하는 과목은 일부러 답안지를 가리지 않고 친구들에게 보여주고, 친구들과 어울리려고 일부러 담배를 피우기도 했다. 고교 시절 당구장 아르바이트를 할 때는 어느 다방에 예쁜 누나들이 있는지 미리 알아두었다가 커피 배달을 시켜서 손님들에게 인기가 많았다.

누군가가 나에게 인간관계에 대한 조언을 구한다면 나는 언제나 "내가 먼저 상대가 원하는 걸 주면 돼"라고 답한다. 진짜 강한 사람은 돈이 많거나, 머리가 좋거나 힘이 센 사람이 아니다. 내가 잘되길 진심으로 바라는 사람을 많이 보유한 사람이 강한 사람이다.

살다 보면 누구나 실패와 좌절을 경험하게 된다. 내 경우 몇 차례 사업에 도전했다가 크게 망하는 실패를 경험했다. 모든 걸 잃고 절망에 빠져 스스로 생을 마감하겠다는 극단적 선택을 시도할 만큼 힘든 시절을 보냈다. 그런데 이때마다 나를 다시 일으켜 세운 건 바로 이 '주고받기'였다. 돈 한 푼 없는 사람의 사업 제안을 흔쾌히 받아들인 투자자 대부분은 '원하는 게 있으면 먼저 내줘야 한다.'라는 내 삶의 원칙을 잘 알고 있었던 사람들이다.

그들은 "자기 이익을 챙기기 위해 남에게 피해를 줄 사람이 아니다"라는 믿음 하나로 내가 내민 손을 선뜻 잡아 주었다. 부자가 되겠다는 꿈을 이루기 위해 돈만 좇았다면 나는 지금 이 자리에 서지 못했을 거다. 결국, 돈을 벌게 해주는 건 사람이다.

사업에 실패하고 다시 새로운 사업에 도전할 때 나를 잘 알지 못하는 사람들은 "헛된 꿈을 꾸는 망상가"라고 조롱하며 손가락질을 했다. 하지만 나와 한 번이라도 거래를 해봤거나 친분을 맺은 사람들이라면 내 말을 믿어주었고 성공 가능성을 확신했다.

'최소한 이 사람은 내게 손해는 끼치지 않을 사람'이라는 걸 믿어주었다. 이런 신뢰와 믿음은 단언컨대 두려움 때문이었다.

"뭘 해 먹고 살려나."

"장가는 가려나."

"친구들이 놀아주지 않으면 어떡하나."

어릴 적 엄마와 동네 아주머니들에게 듣던 걱정스러운 말과 시선들이 만든 두려움. 그 두려움이 '어떻게든 살아남아 성공해야 한다'라는 생존본능을 만들었고, 그 생존본능이 결국, 인간관계에 큰 영향을 미쳤다.

돈 걱정 없이 자란 친구들은
"그렇게까지 비굴해야 했을까?"라는 반응이었다.
하지만 내게는 무슨 일이 있어도
절대 포기하지 않고 버텨내야만 한다는
강한 메시지를 던져주는 장면이었다.

#헬렌 켈러 #희망 #닫힌 문 #열린 문 #만화 #블루마블

체육 시간이 만든 두뇌 트레이닝

학창 시절 나는 교실에 혼자 남겨지는 날들이 많았다. 매주 3, 4시간씩 있던 체육, 교련 시간이었다. 내겐 고통이었다. 혼자 교실 창가에 앉아 운동장에서 뛰어노는 친구들을 바라보며 한숨을 쉬곤 했다. 그러던 어느 날 심심해서 교실에 비치돼 있던 책 중 한 권을 손에 쥐었는데 '헬렌 켈러' 이야기였다.

'눈이 먼 것보다 더 안 좋은 것은, 볼 수 있어도 희망이 없는 사람이다. 누구나 인생을 살면서 시련이나 결핍, 콤플렉스 같은 것들이 있기 마련이다. 하지만 한쪽 문이 닫히면 반드시 다른 한쪽 문이 열리기 마련인데 많은 사람이 닫힌 문만 바라보느라 새로 열리는 문을 바라보

지 못한다.'

　순간 눈이 번쩍 뜨였다. 생각을 통해 비전 있는 사람이 된다는 내용이었는데 내게는 하늘에서 내려온 동아줄 같았다. 가난과 장애는 내게 닫힌 문이었다. 더는 닫힌 문에 갇혀 있을 수만은 없다는 생각을 했다. 어차피 벌어진 일인데 속상해하고 원망해 봐야 아무것도 달라질 게 없었다. 오히려 손해만 됐지, 이득 볼 것이 하나도 없다는 걸 깨달았다.

　이 글을 읽고 난 후부터 나는 교실에 혼자 남겨질 때마다 '앉아서 돈 버는 방법이 뭘까'를 생각했다. 남들처럼 몸을 써서 돈을 버는 건 불가능했기 때문에, 나만의 생각 나만의 상상을 했고 이것을 나만이 할 수 있는 것들로 무기 삼아 갈고 닦아서 세상에 증명 할것이 필요했다. 훗날 나만의 제국을 만들어야 겠다는 포부를 갖고 생각에 생각을 더해 나아갔다. 친구들이 운동장에 나가 체력을 키우는 시간에 나는 교실에 남아 돈을 버는 시스템에 대한 두뇌 트레이닝을 했다. 이제 와서 생각하면 이때만큼 많은 생각을 많이 했던 적이 없었던 것 같다.

　그렇게 시작된 '앉아서 돈 버는 방법에 관한 생각'은 일상으로 이어졌고 수십 년 동안 이런 생각만 하다 보니 이제는 '두뇌 훈련'은 나의 루틴이 돼 버렸다. TV를 볼 때도 '아 저거다. 저게 돈벌이다'라고 항상 연결 지어 생각했다. 만화책을 보더라도 실제 사업 실패 경험을 다룬

박봉성 작가의 기업 만화 〈신의 아들〉과 같은 돈 벌고 성공하는 이야기를 다룬 것들만 즐겨봤다. 1980년대 만화방을 주름잡던 이현세의 까치 시리즈나 천왕성 작가의 무협물보다 허영만 작가의 만화보다 돈 벌고 성공하는 이야기가 훨씬 재미있었다.

내가 기업 만화를 통해 즐거움을 얻은 것은 내가 만화 속 주인공이 된 상상을 하면서 나름대로 즐거움을 찾았고 구체적인 이야기를 만들어 나갔다. 스스로 기업가가 되어 '주인공이 겪는 문제들을 나라면 어떻게 해결할까?' 고민하고 연구했다.

가장 기억에 남는 장면은 남자 주인공이 기업을 살리기 위해 여자에게 개처럼 기어가 발을 핥는 장면이었다. 얻고 싶은 것을 얻기 위해 가장 치욕스러운 일도 참아내는 남자 주인공의 모습은 어린 나이에 많은 것을 생각하게 했다. 돈 걱정 없이 자란 친구들은 "그렇게 비굴해야 했을까?"라는 반응이었지만 내게는 무슨 일이 있어도 절대 포기하지 않고 버텨내라는 강한 메시지를 던져주는 장면이었다.

또 어릴 적 친구들과 어울려 '부루마블'이라는 보드게임을 즐겼다. 부루마블은 나에게 단순한 놀이가 아니었다. 비록 현실은 아니더라도 게임을 하며 돈을 투자해 해외에 호텔을 짓고 빌딩을 구입해 돈도 벌고 하는 것이 즐거웠고, 돈 버는 원리를 알려주는 것 같아 흥미로웠다.

부루마블은 내게 적당한 투자를 해야 돈을 볼 수 있다는 이치를 깨닫게 해줬다. 너무 과한 투자를 해도 망하고 너무 투자를 안 해도 망한다는 걸 알려줬다.

나는 사업을 하면서 주머니에 돈을 넣어두지 않는다. 돈이 생기면 끊임없이 어떤 일을 저지르고 투자한다. 제품을 늘리든 홍보를 하든 새로운 수익을 낼 수 있는 일에 돈을 쓴다. 어릴 적 부루마블 보드게임을 통해 알게 된 이치를 그대로 사업에 적용하고 있다.

어린 자녀를 둔 지인들을 만나면 나는 여전히 아이들과 부루마블 보드게임을 해 보라고 추천한다. 부루마블은 아이들에게 경제원리를 재미있게 알려주는 가장 좋은 교재다.

스스로 노력한 뒤에 얻어낸 성취감이기에
짜릿한 기쁨은 더없이 컸다.
무엇보다 자전거를 탈 때만큼은
내가 다리를 저는 장애인이라는 걸
아무도 몰랐기 때문에 더없이 행복했다.

#자전거 #신문 배달 #내돈내산 #용돈 #자신감 #목표

'내돈내산'이 만든 자신감

중학교 때 유독 자전거가 갖고 싶었다. 하지만 엄마에게 자전거를 사달라고 할 집안 형편이 아니었다. 어떻게든 나 스스로 노력해서 자전거를 장만해야겠다는 의지가 불타올랐다. 그래서 생각해 낸 것이 신문 배달이었다.

신문 배달을 하려면 자전거가 있어야 했다. 중고 자전거라도 사려고 알아봤지만, 중고도 가격이 만만치 않았다. 하는 수 없이 친구의 자전거를 빌리기로 했다. 자전거가 있는 친구에게 딱 한 달만 자전거를 빌려 달라고 사정했다. 가까운 친구가 아니었지만, 환심을 사기 위해 별의별 노력을 다했다. 결국, 자전거를 빌려 신문 배달을 하기 시작했다. 새벽에 일어나 학교와 가까운 신문 보급소에서 신문을 받아 동네 곳곳을 누비며 신문을 돌렸다. 불편한 다리로 자전거를 타고 신문 배달을 하는 일이 만만치 않았다. 하지만 절뚝거리며 걷는 것보다 자전거를 탈 때가 훨씬 좋았다.

수업시간에 꾸벅꾸벅 졸다가 선생님에게 혼이 나고 벌을 받기도 했다. 엄마도 걱정이 많으셨지만 어려운 형편에 자전거를 사줄 수도 없는 노릇이라 대놓고 말리지는 못하셨다. 그런 엄마의 마음을 잘 알기에 마음 한편으로 속상하기도 했지만 내가 원해서 한 일이니 힘들지만은 않았다. 피곤한 몸을 이끌고 꿋꿋하게 신문을 돌린 덕에 비록 낡은 자전거였지만 나만의 자전거를 갖는 데 성공했다. 스스로 노력한 뒤에 얻어낸 성취감이기에 짜릿한 기쁨은 더없이 컸다. 무엇보다 자전거를 탈 때만큼은 내가 다리를 저는 장애인이라는 걸 아무도 몰랐기 때문에 더없이 행복했다. 일이라고 생각하면 힘들기만 했겠지만 나는 운동이라 생각하며, 그 뒤로도 내 자전거를 타고 한참 동안 신문 배달을 해 용돈을 벌었다.

내가 번 돈으로 갖고 싶은 걸 살 수 있다는 것이 얼마나 큰 기쁨인지 깨닫는 시간이었다. 목표가 있다는 것이 얼마나 중요한 일인지, 또 그 목표를 이루기 위해 방법을 찾아가는 과정이 얼마나 즐거운 일인지 알게 됐다.

이렇게 몸으로 부딪쳐 얻게 된 경험은 내가 앞으로 살아가면서 더 많은 것을 할 수 있다는 자신감을 불어 넣어 주었다. 더 큰 목표를 위해 작은 목표를 완수해내는 습관이 얼마나 중요한지 깨달았다. 목표물을 하나하나 깨부수고 이 자리까지 올라온 내 힘의 원동력은 가난과 장애였다. 가난은 돈에 대한 갈증과 욕망을 만들었다. 장애는 더는 물러설 곳이 없다는 절실함을 만들었고, 목표물을 더욱 뚜렷하고 확고하게 만드는 습관을 만들어 주었다.

"장가는 갈 수 있을까?", "뭘 해 먹고 사려나"
장애가 있는 못난 막내아들 걱정에
어머니는 깊은 한숨을 달고 사셨다.
그렇게 늘 걱정거리였던 아들이
직장을 얻게 됐다는 소식을 들으시곤
기쁨의 눈물을 흘리셨다.

#취업 #제약회사 #공부 #장학금 #하얀가운 #대학

성공이 만든 또 다른 성공

대학 갈 형편이 안 된다는 걸 잘 알고 있었기 때문에 중학교 2학년 때 나는 대학 진학을 포기했다. 빨리 돈을 벌어야 한다는 생각에 실업고등학교를 진학했다. 틈틈이 당구장 아르바이트도 하며 돈을 벌었다. 공부에는 딱히 관심이 없었지만 1등을 하면 학업 우수 장학금 50만 원을 받을 수 있다는 말에 시험 기간 내내 거의 잠을 자지 않을 만큼 독기를 품고 공부했다. 나의 목표는 오로지 장학금 50만 원, 돈뿐이었다. 돈이 되면 없던 열정도 생긴다는 사실을 난 이때 경험했다.

그렇게 열심히 공부한 덕에 3학년 2학기 때 비타민C 전문 제약회사에 취업할 수 있었다. 학교 추천을 받아 모두 7명이 면접을 봤다.

1명은 기계과 나머지 6명은 화공과였다. 아직도 그때 면접방식이 기억에 남는다.

"기계과에서 온 사람?"

"네"

"넌 공무과"

"나머지는 화공과지? 너희들 중에 공부 제일 잘하는 사람이 누구니?"

모두가 나를 지목했다.

"너는 실험실"

나머지는 생산 1, 2, 3과에 나뉘어 발령받았다.

나는 품질관리부(QC)에서 의사나 약사들이 입는 하얀 실험 가운을 입고 편하게 일을 할 수 있었다. 고졸 출신으로 품질관리부에 간 사람이 나밖에 없었다는 사실을 뒤늦게 알게 됐다.

'성공은 또 다른 성공을 불러온다.'라는 말이 있다. 장학금을 받기 위해 열심히 공부한 것이 그렇게 도움이 될지 몰랐다. '성공은 또 다른 성공을 부른다.'라는 말을 실감했다. 제약회사에 취업했다는 소식을 듣고 엄마가 나보다 더 기뻐하셨다. "장가는 갈 수 있을까?" "뭘 해 먹고 사려나" 장애가 있는 못난 막내아들 걱정에 어머니는 깊은 한숨을 달고 사셨다.

그렇게 늘 걱정거리였던 아들이 직장을 얻게 됐다는 소식을 들으시곤 기쁨의 눈물을 흘리셨다. 당시 기쁨의 눈물을 흘리시던 엄마의 모습과 표정이 아직도 강하게 내 기억 속에 남아있다.

 품질관리부 소속 직원들은 의사들이 입는 것과 비슷한 하얀 가운을 입고 근무했다. 매주 금요일이면 나는 하얀 가운을 집에 들고 왔다. 회사에 벗어놓으면 세탁을 해주었지만 난 어김없이 엄마에게 맡겼다. 직접 가운을 빨아 다림질할 때 엄마가 가장 행복해하신다는 걸 잘 알고 있었기 때문이다. 엄마는 아들의 실험 가운을 빨아 곱게 다림질할 때마다 "이게 내 유일한 낙"이라는 말을 자주 하셨다. 내 인생에 가장 행복한 순간의 기억 중 한 장면이다.

 내가 성공하는 것이 부모를 가장 기쁘게 하는 효도라는 생각을 하게 됐고 더 큰 성공을 거두기 위해 끊임없이 노력해야겠다고 다짐했다. 학창 시절 당구장에서 아르바이트하면서도 당구대 위에 책을 펴놓고 공부할 정도로 열심히 노력한 건 사실 돈 때문이었다. 장학금을 받기 위해 열심히 공부했고, 그 덕에 취업도 했다. 직장에서도 야근 수당을 받기 위해 늦게까지 열심히 일했고, 자격증 수당을 받기 위해 열심히 공부했다. 이때 나는 돈이 되면 없던 열정도 생긴다는 사실을 경험으로 터득했다. 또, 작은 성공이라도 해 본 사람이 더 큰 목표를 향해 나아가고 큰 성공을 하게 된다는 것도 알게 됐다.

이렇게 죽을 고비를 몇 차례 넘기며 살다 보니
삶을 대하는 자세가 달라질 수밖에 없었다.
가능하다면 많은 사람에게 선한 영향력을
끼치는 사람으로 살아야겠다는 의지가 생겼다.

#응급실 #기적 #죽음 #수술 #삶 #집념

죽을 고비가 만든 삶의 자세

1993년 5월 고등학교를 졸업하고 제약회사 정규직으로 근무하던 때였다. 의자에 앉아 있는데 갑자기 눈앞에 사물이 빙글빙글 돌기 시작했다. 그대로 쓰러져 응급실에 실려 갔다. 시간이 얼마나 지났을까. 잠시 의식을 찾았는데 몸 안에 있던 피가 뿜어져 나왔다. 입과 항문으로 핏덩어리가 분출하는 바람에 긴급 수혈을 했지만, 감당이 안 되는 상황이었다. 과다출혈로 다시 의식을 잃었다. 나중에 들은 얘기지만 당시 나를 담당했던 의사가 "살릴 가망이 없어 보이니 마음의 준비를 해라"고 말했다고 한다. 엄마는 포기하지 않았다. 엄마는 "내 자식이 죽어도 좋으니 배를 갈라 뭐라도 해 보라"라며 매달렸다고 한다.

마취상태로 수술대에 오른 나는 잠시 사후세계를 경험했다. 보통 사경을 헤매다 살아난 사람들은 강을 본다고 한다.

나는 강을 보지는 못했다. 봄 햇살이 느껴지는 따뜻한 공간에 혼자 있었다. 공원처럼 느껴졌지만, 들판이나 나무는 보이지 않았다. 혼자 있는 하얀 공간이 마치 짙은 안개 속처럼 느껴졌는데, 기분이 아주 좋았다. 내가 저 앞쪽으로 가야 할 것만 같고 저기를 지나면 뭔가 큰 성이 있을 것 같았고, 그곳에 있는 사람들이 나를 기다리고 있는 듯한 기분이 들었다. 왠지 그곳으로 가야 할 것 같은 느낌이 들었다. 아직도 기억이 생생해서 꿈이 아니었다는 확신을 하고 있다.

그렇게 수술 후 의식 없이 중환자실에 누워있다가 한 달 만에 깨어났다. 병명은 '식도 위 정맥류 출혈'이었다. 다행히 신체 리듬이 좋았던 20대 나이여서 기적적으로 살아날 수 있었다고 한다. 위 정맥류가 터지면 90%가 넘는 사망률을 보이고, 산다 해도 간암이나 간경화로 이어지는 희소병이라고 한다. 세계적으로 환자가 많지 않고 원인을 알 수 없기에 완치도 어려운 질병이라는 것이다. 비록 개복수술 자국을 크게 남기게 됐지만 나는 운 좋게도 살아서 병원을 나올 수 있었다. 중환자실에서 죽어 나가는 다른 환자들을 보면서 나도 살 수 있을까 두려워했던 기억이 지금까지도 생생하다. 30년이 지난 오늘까지도 6개월마다 내시경 검사와 CT, 초음파 촬영 등 검사와 치료를 받고 있다.

또 하나의 어두운 기억은 1996년 다니던 제약회사를 그만두고 돈 되는 건 뭐든지 하던 시기였다. 지인 소개로 화장품도매업을 했다. 추운 겨울 논산에 있는 화장품 가게에 납품하고 올라오는 길에 차가 갑자기 미끄러졌다. 순간 짧은 인생이 주마등처럼 지나갔다. '아…. 이대로 죽는구나!' 불행 중 다행으로 도로변에 있는 전신주를 들이받는 바람에 에어백이 터지면서 목숨을 건졌다.

2002년 29살 때는 그토록 간절히 원하던 인공관절 수술을 받았다. 절름발이라고 놀림을 받던 내가 새로운 인생을 살게 되는 순간이었다. 10시간이 넘는 대수술이었다. 그 인공관절을 21년째 유지하고 있다. 이렇게 죽을 고비를 몇 차례 넘기며 살다 보니 삶을 대하는 자세가 달라질 수밖에 없었다. 언제 죽을지 모른다고 생각하니 세상에 무언가를 남기고 가야겠다는 생각이 강하게 들었다. 가능하다면 많은 사람에게 선한 영향력을 끼치는 사람으로 살아야 한다는 의지가 생겼다.

나는 가난이 싫었다. 철없던 어린 시절 부모 원망도 많이 했다. 가난 때문에 병원 치료 한 번 못해보고 장애를 갖게 된 게 분하고 원통했다. 하지만 이제 와 생각해 보면 고마운 생각이 든다. 인생사 새옹지마라는 말이 있다. 내가 부유한 집에서 부족함 없이 자랐다면, 신체적인 장애가 없었다면 이런 집념이나 집요함을 갖지는 못했을 거다. 내가 가지고 있는 부족함과 간절함이 성공에너지를 만들었다고 생각한다.

그때가 1995년이었으니 당시 1만 원이면
생각보다 큰돈이었다.
직장생활을 하다 우연히 배달 일을 하며
난 새삼 '세상이 이렇게 돌아가는구나!'
생각했다.

#직장생활 #파업 #야식배달 #모텔 #프랜차이즈 #플랫폼 #백종원

야식집에서 만난 인생 반전

어려서부터 훈련된 눈치 보기와 특유의 친화력으로 '슬기로운 직장생활'을 했다. 품질관리부 직원들과는 물론이고 생산직 직원들과도 두루두루 친하게 지냈다.

대한약전은 물론 미국약전, 일본 약전을 줄줄 외울 만큼 공부도 열심히 했다. 직장 상사가 야근해야 한다고 하면 돈에 대한 욕심과 집착이 많았던 나는 언제나 야근 수당을 타려고 무조건 마다하지 않고 손을 번쩍 들었다. 자격증 수당 3~5만 원을 더 받으려고 당장 필요 없는 자격증도 여러 개 땄다. 돈이라면 환장을 하고, 집요할 정도로 달려들었다.

그러던 어느 날 회사노조가 2달 동안 파업을 한 적이 있었다. 회사는 직원들에게 월급의 70% 정도 줄 테니 쉬라고 하고 공장 문을 닫았다. 직원들 대부분이 생활비를 줄인다고 난리였지만, 나는 현재 상황에 자신을 가두지 않고 생활정보지 광고를 보고 찾아가 야식집에서 배달 일을 했다. 그 당시 월급이 120~130만 원이었는데, 자동차가 있다는 이유로 기름값 포함 180만 원을 받았다.

그때 처음 모텔에서 야식을 많이 시켜 먹는다는 사실을 알게 됐다. 열심히 야식배달을 하다 보니 오래된 모텔은 지금도 어디에 있는지 줄줄 꿰고 있을 정도다. 그런데 당시 흥미로웠던 점은 모텔에서 야식을 시키면 음식값에서 1,000원을 모텔에 떼어주는 문화가 있었다. 닭볶음탕이 2만 원이라면 1,000원은 모텔에 주고 1만 9,000원만 가져오는 방식이다.

이유는 간단했다. 당시 대부분 모텔은 손님이 계산대에 전화를 걸어 야식을 시켜달라 요청하는 방식이었다. 어떤 야식집을 선택하느냐는 오로지 모텔 아르바이트 직원에게 보이지 않는 권한이 있었다. 그러다 보니 '우리 집 야식을 시켜줘서 고맙다. 다음에 또 시켜달라'는 의미로 1,000원을 떼주는 거였다. 아르바이트 직원은 하루 야식 주문이 10건만 들어와도 앉아서 1만 원을 벌어가는 셈이었다.

그때가 1995년이었으니 당시 1만 원이면 생각보다 큰돈이었다. 직장생활을 하다 우연히 하게 된 배달 일을 하며 난 새삼 '세상이 이렇게 돌아가는구나'라고 깨달았다. 특히나 '앉아서 돈 버는 방법'을 연구하던 나로서는 모텔 아르바이트 직원의 위치가 엄청난 비즈니스 모델이 아닐 수 없었다.

이제 와 생각해 보면 오늘날 '배달의 민족' 사업을 모텔 아르바이트생이 하고 있었던 거다. 단순히 이때 경험만으로 시작된 건 아니었지만 파업 기간에 한 푼이라도 더 벌어보겠다고 시작한 야식집 배달은 훗날 내 인생의 반전을 만드는 계기가 됐다. 이때 경험으로 당시에는 생소했던 프랜차이즈 사업이나 플랫폼사업에 대한 개념을 깨달은 나는 훗날 '렌터카 업계 백종원'이라는 별칭을 얻게 된다. 결과적으로는 가만히 앉아서 돈을 버는 사업을 하게 된 것이다. 전국에 퍼져있는 대리점들이 매달 지급하는 관리 수수료는 이제 내가 영업을 하지 않아도 몸을 쓰지 않아도 매달 통장에 돈이 들어오는 시스템을 만들었다. 한발 더 나아가 보다 좀 더 폭넓은 생각으로 많은 사람에게 혜택이 돌아가는 공유 플랫폼으로 성장해 나가고 있다.

2부

결과는 생각보다
늦게 찾아온다

엄마가 사는 빌라마저 날릴 상황에 놓이자
앞이 캄캄했다. 아무도 모르는 곳에 가서
죽어야겠다는 생각뿐이었다.
일하던 제약회사에 찾아가 청산가리(시안화칼륨)를
몰래 들고나와 항상 몸에 지니고 다녔다.
하지만 죽을 용기가 없었다.

#장사 #호프집 #IMF #폐업 #청산가리 #용기 #불법

다시 꾸게 된 꿈

회사 파업 중 야식집 아르바이트를 하면서 깨달은 생각이 '직장생활을 해서는 부자가 될 수 없었다'는 사실이었다. 부자는커녕 가난을 벗어나기도 어렵다는 것이다. "직장을 그만두고 장사를 해 볼까?" 욕심이 생기고 나니 출근길이 그전처럼 가볍지만은 않았다.

그러던 중 아산시 신창에 있는 대학가 호프집 하나가 매물로 나왔다는 소식을 접했다. 학창 시절 이런저런 아르바이트를 해봤고 회사가 파업 중일 때 식당 배달 일을 해 본 경험도 있어서 잘할 수 있을 것 같았다.

엄마와 누나가 함께 살던 빌라를 담보 잡아 대출받고 5년 동안 직장 생활하며 모아둔 돈과 퇴직금을 합쳐 호프집을 인수했다. 예상대로 장사가 잘됐다. 수강 신청하는 날이면 하루에 130만 원 매출이 올랐다. 평일에도 하루 평균 40만 원 정도는 팔았다. 그때가 1996년이니 적지 않은 매출이었다.

장사한 지 겨우 1년 만에 외환위기가 닥쳤다. 정부가 국제통화기금 IMF에 구제금융을 신청하기로 했다는 뉴스를 볼 때만 해도 무슨 말인지 알지 못했다. 신(新)경제를 내세우며 세계 부자대열에 끼었다고 자랑하던 게 엊그제인데 하루아침에 빚더미 삼류국가로 전락했다니 믿을 수가 없었다. 직장을 잃거나 생활고에 시달린 가장이 극단적인 선택을 했다는 뉴스가 하루가 멀다고 나왔다. 문 닫는 공장과 상점이 줄을 이었다. 호프집도 직격탄을 맞았다. 월세는 물론이고 아르바이트생 급여도 줄 수 없게 되면서 결국 문을 닫아야 했다.

억울했다. 그렇게 열심히 살았는데, 왜 이런 시련을 겪어야 하는지…. 원망할 사람조차 없으니 미칠 것 같았다. 부모님이 사는 빌라마저 날릴 상황에 놓이자 앞이 캄캄했다. 아무도 모르는 곳으로 가서 죽어야겠다는 생각뿐이었다.

일하던 제약회사 실험실에 찾아가 청산가리(시안화칼륨)를 몰래 들고나와 항상 몸에 지니고 다녔다. 언제든지 기회를 만들어 생을 마감

하겠다는 생각뿐이었다. 그렇게 며칠을 넋이 나간 채로 인생 밑바닥까지 쳐 보니 조금씩 살아야겠다는 용기가 생겼다. 어떻게든 먹고 살아야 하니 닥치는 대로 죽기 살기로 일했다. 아르바이트하면서 알게 된 정보로 당구장에 게임기를 납품하기도 하고 카드깡을 해주고 수수료를 챙기기도 했다. 모두 불법이었다. 불법을 하면서도 큰돈은 벌지 못했다. 떳떳하지 못한 일을 하다 보니 마음이 편치 않았다. 숨지 않아도 되는, 정당한 일을 해서 돈을 벌어야 한다고 다짐했다. 이런 다짐이 흔들리지 않기를 바라는 마음에 평소 잘 다니지 않던 교회에 나가 기도했다. 신앙심이 깊지도 않았는데 기도만 하면 알 수 없는 눈물이 하염없이 흘렀다.

나는 오히려 내가 팔랑귀여서
여기까지 왔다고 생각한다.
무모한 도전을 하다 여러 차례 실패를
경험했지만, 결국 그런 수많은 도전 끝에
성공을 맛보았기 때문이다.

#자동차 영업사원 #팔랑귀 #판매왕 #최연소 #대리점 대표

인생 반전의 기회

기도가 통했을까? 인생 반전의 기회가 찾아왔다. 우연히 자동차 판매사원이 되면 돈을 많이 벌 수 있다는 얘기를 들었다. 자동차 판매사원이 돈을 많이 번다는 말만 듣고 바로 다음 날부터 무턱대고 자동차 판매대리점을 찾아다녔다. 하지만 가는 곳마다 문전 박대를 당했다. 이유는 간단했다. 몸이 불편한 장애인이라서다. 난 그럴수록 오기가 생겼고 더욱 자동차 판매사원을 꼭 해야겠다는 간절함이 생겼다.

"그렇게 불편한 다리로 어떻게 영업일을 하려 하냐"는 핀잔을 들어야 했다. 엄마의 반대도 심했다. 제약회사에서 계속 다니길 바랬는데 호프집도 말아먹고 이제 와 자동차 판매사원이 되겠다고 하니 기가 차서 평소에 하지 않던 욕까지 하셨다. 심지어 "정 하고 싶으면 호적을 파고 인연을 끊자"라고 하셨다.

"대학 나온 사람들도 하기 힘든 일을 다리까지 불편한 네가 어떻게 차를 팔겠다는 거냐"며 "차라리 내가 약을 먹고 죽겠다"라는 험한 말까지 하셨다.

어려서부터 나는 팔랑귀 소리를 들었다. 누가 잘되는 사업이니 투자해 보라 해서 투자했다가 망한 경험까지 있으니, 이런 나를 제일 잘 알고 있는 엄마는 불안할 수밖에 없었다. 하지만 나는 오히려 내가 팔랑귀였기에 여기까지 왔다고 생각한다. 무모한 도전을 하다 여러 차례 실패를 경험했지만, 결국 그런 무모한 도전과 실패의 경험 끝에 성공을 맛보았기 때문이다. 늘 남의 말을 의심만 하고 귀 기울여 듣지 않았다면 사업을 하면서 갖춰야 할 다양한 지식과 경험을 갖추지 못했을 거다. 손해도 보고 실패도 해봐야 무엇을 보완해야 하는지 알게 되고 문제 해결 능력도 향상된다. 움직이고 행동해야 달라진다.

'바비 존슨'이라는 골프 선수가 이런 말을 했다고 한다.

'진 경기에서 많은 것을 배운다. 나는 지금까지 이긴 경기에서 아

무엇도 배운 게 없다'

결국, 난 끝까지 포기하지 않고 절실한 마음으로 자동차 판매점 문을 계속 두드리고 다녔다.

"다리가 불편해도 영업할 수 있습니다. 오히려 장점이 될 수 있습니다."

묻지도 않은 얘기를 미친놈처럼 하고 다녔다. 한참을 떠들었지만, 결론은 "불쌍해서라도 차를 사주지 않겠냐"였다. '자존심 같은 건 개나 주라'는 마음으로 온갖 불쌍한 척을 다 했다. 그만큼 절실했다. 그런 절실함을 좋게 봐준 한 자동차대리점 대표가 입사를 허락해 줬다. 하지만 절실함과 실적은 다른 문제였다. 3개월 동안 차를 한 대도 팔지 못했다. 하지만 포기할 수 없었다. 내가 자동차 영업사원을 하면 약을 먹고 죽겠다던 엄마에게, "그런 몸으로 무슨 차를 팔겠다는 거냐"며 무시했던 많은 자동차 판매점 대표들에게 지는 거라는 생각을 했다.

처음부터 차나 팔아보자는 생각으로 시작한 일이 아니었기 때문에 나는 매일 아침 전쟁터에 나간다는 심정으로 출근했다. 돈을 한 푼도 벌지 못해 그만둬야 하는 거 아닌가 하는 생각이 들어 지칠 때쯤 어느 날 친구의 도움으로 차 한 대를 팔았다. 판매수당과 정착지원금까지 합해서 130만 원을 받았다. 평생 잊을 수 없는 첫 경험이었다.

이때부터 차를 많이 팔 수 있겠다는 자신감이 생겼다. 뭐든 처음이 힘들지, 그다음부터는 경험치를 통해 쉬워진다는 걸 깨달았다. 불과 몇 달이 지나지 않아 한 달에 800만 원 정도가 통장에 찍힐 만큼 차를 많이 팔았다. 1999년 일이니, 당시에는 적지 않은 돈이었다. 입사하기 위해 생각 없이 던진 말들이 현실로 다가오는 순간이었다.

고객 대부분은 불편한 몸을 이끌고 먹고살기 위해 열심히 노력하는 내 모습을 좋게 봐주셨다. 원래 사려고 한 차보다 비싼 차를 주문해주시는 고객들도 있었다. 이것저것 따지기만 하는 고객들도 있었지만, 그런 고객들일수록 난 그 고객에게 꼭 차를 팔아야겠다는 의지와 집념이 활활 타올랐다. 다른 영업사원과 똑같이 해서는 남들만큼도 하지 못할 게 뻔했기 때문이다.

다리가 불편해 다른 영업사원들보다 활동성이 떨어지니 최대한 머리를 써서 남다른 판매전략을 짜야만 했다. 홍보 문구를 만들어 차가 필요해 보이는 사업장마다 팩스를 보내기도 했고, 명함에 '전화해 주시면 coffee 사겠습니다'라는 문구를 넣어서 뿌리기도 했다.

"차는 전은태에게 사야 한다"라며 다시 찾아주고 주변 사람들에게 소개해 주는 고객이 점점 늘어났다. 힘이 났다. 힘이 날 수밖에 없었다. 돈이 되면 없던 열정도 생긴다는 것을 몸소 체험했다.

힘이 나니 더 열심히 일했다. 스스로 동기부여를 하기 위해 당시 가장 인기가 좋았던 고급 차를 할부로 사서 타고 다니기도 했다. 영업을 더욱 잘하기 위함도 있었지만, 무엇보다 스스로 할부금이라는 결핍을 만들어, 일하지 않으려야 안 할 수 없는 상황을 만들어 버린 것이다. 나 스스로 느슨해지고 게을러질까 두려웠기 때문이다. 예전 같으면 생각지도 못했던 일이다. 뭔가 일을 저질러 놔야 해결한다는 심정으로 그리고 현재 내가 팔고 있는 차를 내가 당당하게 타고 다녀야 다른 고객에게도 권유를 하고 판매를 잘할 수 있겠다는 마음으로 무조건 내질러 버렸다. 그리고 적지 않은 할부금을 갚기 위해서라도 더 열심히 일하고 차를 팔아야 한다는 다짐이 필요했다.

그렇게 노력한 끝에 나는 입사한 지 2년도 되지 않아 판매왕 자리에 올랐다. 그리고 자동차 판매사원이 된 지 3, 4년 만에 대리점을 인수할 기회까지 얻게 됐다. 기존 자동차 판매대리점 대표께서 "대리점을 팔고 다른 일을 하겠다"고 선언했다. 그 순간 나는 생각할 틈도 없이 "무조건 내가 하겠다"라고 말했다. 돈이 부족해 동업자도 구하고 대출도 받아야 했지만 결국 난 29살에 자동차 판매대리점 공동대표가 됐다. 대리점 인수과정에 많은 일이 있었지만, 그 뒤로 한동안 난 말 그대로 승승장구했다.

2002년 당시 평균 한 달에 대기업 평균 연봉보다 많은 돈을 벌었다. 당시 정부가 신용카드 활성화 정책을 펼치면서 할부판매 실적이 크게 늘었다. 당시 인기 좋은 신차들이 출시되면서 대리점에서 한 달에 60대~70대씩 팔려나갔다. 거기에 자동차 할부금융사로부터 대출 수수료까지 챙기게 되면서 큰돈을 벌었다. 제약회사 시절 받던 월급에 비해 10배가 넘는 돈이 매달 들어왔다. 불과 몇 년 사이에 인생 반전의 기회가 현실로 다가오는 순간이었다.

2부 결과는 생각보다 늦게 찾아온다

당시에는 무고죄가 뭔지도 몰랐다.
도주할 염려도 없고, 전과도 없고,
신원도 확실한 사람을, 무엇보다
아무 잘못 없이 일방적으로 폭행당한 사람을
감옥에 가둘 거라는 생각은
꿈에도 하지 않았다.

#전과 #감옥 #폭력 #협박 #무전유죄 #누명

슬기롭지 않았던 감방 생활

나름 성실하게 살아왔다고 자부한다. 하지만 부끄럽고 황당한 전과 이력이 있다. 2000년 자동차 판매영업일을 할 때 생겼다. 당시 나이 27살이었다. 소형 자동차 한 대를 팔았는데 그 일로 감방까지 가게 될 줄은 몰랐다. 소형차를 산 사람은 병원 의사였다. 이유는 알 수 없지만, 그는 자신의 명의로 차를 사지 않고 병원 간호사 이름으로 계약을 했다. 예정대로 차가 출고됐는데, 병원 의사가 계약에 들어 있는 옵션이 하나 빠졌다며 문제를 제기했다.

계약 전에 특별 옵션 설명을 했는데, 시큰둥한 반응을 보여 계약서 내용에는 넣지 않았다. 하지만 병원 의사는 무료로 옵션을 추가해주는 것으로 이해했던 모양이다. 차가 나왔고 전달하는 과정에서 계약 내용을 확인시켜주자 나를 사기꾼 취급하며 욕을 하기 시작했다.

차량등록까지 한 상태였지만 화가 난 의사는 차를 끌고 자동차대리점으로 찾아와 대리점 문을 막고 가버렸다. 내가 판 차이니 내가 해결해야겠다는 생각으로 그 의사가 일하는 동네 병원으로 찾아갔다. 병원으로 찾아가 보니 덩치가 큰, 건달 같은 사무장이 나와서 무슨 일로 왔냐고 물었다. 차를 계약하던 중 서로 오해가 있었다며 문제를 좋게 해결하기 위해 왔다고 말하자 다짜고짜 뺨을 때렸다. 갑작스럽게 당한 폭행이라 어안이 벙벙했다. 자동차 영업사원이라는 이유로, 장애가 있어 나약해 보인다는 이유로 이런 대우를 받는 건 아니라고 생각해 바로 파출소에 신고했다. 며칠 뒤 파출소로 조사를 받기 위해 갔다. 그런데 주먹을 휘두른 그 사무장은 기고만장한 태도를 보였다. 같이 나온 의사도 내 멱살을 잡고 주먹질을 하기 시작했다. 내가 계속 맞고 있는데도 경찰은 말리는 시늉만 할 뿐 2차 가해에 대해 수사조차 하지 않았다.

억울했다. 파출소가 아닌 경찰서에 신고했다. 경찰서에 도착하자마자 파출소 CCTV를 증거물로 확보해 달라고 요청했다. 하지만 경찰은 당시 장면이 파출소 CCTV에 녹화되지 않았다며 공개를 거부했다.

지금 같으면 "이게 말이 되냐"며 난리 칠 일이지만, 당시에는 어린 나이여서 그냥 그런 줄로만 알았다. 너무 바보 같은 생각이었다. 이때부터 의사 태도가 더욱더 거만해지기 시작했다. 상황이 뭔가 불리하게 돌아가고 있는 것 같아 두려웠다. 사건이 검찰로 넘어가 조사를 받으면서 그 의사가 40대 나이에 전과 5범이라는 걸 알게 됐다.

검찰 수사관도 내 편은 아니었다. 폭행당했다는 증거가 어디 있냐며, 압박했다. 자칫 잘못하면 무고죄로 처벌을 받을 수도 있다며 오히려 나를 겁박했다. "나는 떳떳하다"며 억울하다는 태도를 굽히지 않자 검찰 수사계장은 나를 회유하기 시작했다. 어차피 양쪽 다 피해를 증명하기 어려우니 그냥 잘못을 인정하고 유치장에서 하루만 있다가 나가라는 제안을 했다. 몇 시간 동안 마라톤 조사가 이뤄졌다. 밤 10시 가까이 됐다. 조사를 받던 중 때마침 마약 현행범 3명이 붙잡혀 왔다. 나를 조사하던 수사계장이 "잠깐만 앉아 있어 봐"라고 하더니 마약범 3명을 순서대로 세워놓고 인정사정없이 가슴을 발로 찼다. 그대로 밀려서 캐비닛에 부딪히더니 바닥에 나뒹굴었다. 영화나 드라마에서나 보던 장면이었다.

그런 험악한 분위기를 만든 당사자인 수사계장이 다시 내 앞으로 돌아와 정체 모를 서류를 내밀고 도장을 찍으라고 요구했다. 사실상

협박으로 받아들인 나는 겁에 질려 미처 문서를 읽어 볼 겨를도 없이 지장을 찍고 말았다.

당시에는 무고죄가 뭔지도 몰랐다. 도주할 염려도 없고, 전과도 없고, 신원도 확실한 사람을, 무엇보다 아무 잘못 없이 일방적으로 폭행을 당한 사람을 감옥에 가둘 거라는 건 상상조차 하지 않았다.

검찰 수사계장이 "유치장에서 하루를 보내면 다음 날 가족들이 와서 나를 집으로 데려갈 거라"고 얘기했다. TV 드라마나 영화를 보면, 가족들이 찾아와 데려가는 그런 장면을 상상하면서 아무런 의심 없이 사건 조서에 지장을 찍었다. 하지만 다음 날 나는 구치소로 이송됐다. 뭔가 이상하게 돌아간다는 걸 느끼고 뒤늦게 변호사를 선임했지만, 때는 이미 늦어버려 무죄 주장은 어려운 상황이 됐다.

이미 내 잘못을 인정하고 지장까지 찍은 상황이라 재판에서 무죄를 다투려면 최소 6개월에서 1년은 수감 생활을 해야 했다. 나에게 주먹을 휘두른 의사와 병원 사무장이 아니라 내가 감옥에 들어와 있는 상황을 도저히 이해할 수 없었다. 어쩔 수 없었다. 무죄 주장을 하느라 1년을 감옥에서 보낼 수는 없었다. 죄를 지은 다른 범죄자들과 추운 감옥에서 1년을 산다는 게 겁이 나기도 했지만, 한참 자동차 영업에 재미를 붙이고 많은 돈을 벌고 있던 때여서 하루라도 빨리 나가야 한다는 생각밖에 없었다.

담당 변호사도 황당한 얘기를 했다. 억울하더라도 빨리 나가려면 죄를 인정하고 집행유예 선고를 받기를 권했다. 학교에서 장학금도 받았고, 착실하게 직장생활을 하고 있으니 한 번만 선처해 달라 사정하면 풀려날 수 있다고 설득했다. 결국, 나는 빨리 나가야 한다는 생각으로 거짓말로 죄를 인정하고 나서야 집행유예 선고를 받고 풀려날 수 있었다.

애써 열심히 영업하다 생긴 촌극이라 생각하며 마음을 다스려 보려 했다. 하지만 한 달이라는 시간을 억울하게 옥살이한 게 너무나 분하고 원통했다. 나에게 폭력을 행사한 의사나 병원 사무장도 용서가 안 됐지만, 검찰 수사계장의 공정하지 못한 수사가 더 큰 상처로 남았다. 그 검찰 수사계장은 내가 아무 잘못도 하지 않았다는 걸 알고 있었다. 그런데도 나를 죄인으로 몰아 말도 되지 않는 조서를 꾸몄다고 생각하니 속이 문드러졌다.

20년이 지난 일이지만 나는 그때 그 검찰 수사계장 얼굴을 또렷이 기억한다. 뼈아픈 경험을 통해 나는 다시 한번 세상의 이치를 깨달았다. '무전유죄 유전무죄'라는 말을 떠올렸다.

같은 죄를 지어도 돈 돈 있고 빽 있으면 풀려나고 나처럼 가난하고 장애가 있는 사람들은 감옥에 가는구나. 감옥을 다녀온 이후 한동안은 자신을 탓하기도 했다. 참았어야 했는데…. 주제도 모르고 덤비다가 화를 입었다.

산전수전 다 겪은 40대가 세상 물정 모르고 덤비는 20대를 엿 먹이는 건 지금도 그렇지만 당시에는 더더욱 쉬운 일이었다. 시간이 지날수록 억울한 생각에 잠을 이루지 못했다. 어느 정도 시간이 지난 뒤에 나는 이전과는 다른 삶을 살아야 한다는 결론에 이르렀다. 돈을 버는 것도 중요하지만 사회적으로 강한 사람이 되어야겠다는 생각을 하게 됐다.

나는 이때부터 자동차 영업 일을 하면서 각종 사회단체나 봉사단체에 나가 미친 듯이 인맥을 쌓기 시작했다. 두 차례에 걸쳐 지방선거에 도전장을 내기도 했다. 더는 억울한 일을 당하지 말아야겠다는 다짐도 있었지만, '이 땅에는 수없이 많은 사회적 약자가 있어 나처럼 억울한 일을 당하고도 누명을 벗지 못하는 피해를 보겠구나. 나같이 힘없고 약한 사람들이 속절없이 당하는 사회는 이제는 없어져야 한다'는 생각을 했기 때문이다.

하지만 내 의도와는 달리 그렇게 쌓은 인맥들이 오히려 내가 하는 사업에 더 많은 도움을 줬다. 살다 보면 뜻하지 않은 방향으로 가는 경우도 종종 있기 마련이다.

　이런 좋은 인맥이 쌓이면서 사업을 일군 나는 "돈을 들여서라도 인맥을 만들어야 한다"는 말을 자주 한다. 좋은 사람들이 주는 선한 영향력이 내가 여기까지 올 수 있었던 원동력이 됐기 때문이다. 물론, 사회적 약자를 대변하는 사람이 되기 위한 초심도 놓지 않고 잘 간직하고 있다.

결국, 빚을 감당하기 어려운 상황을
마주하게 됐다. 고급 승용차를 팔고도
감당이 안 돼 집 두 채를 하나씩 팔아야 했다.
자동차 판매대리점도 팔아야 했다.

#해방감 #사치 #빚더미 #가난뱅이 #렌터카 #사업 #확신

기회 뒤에 찾아온 위기

대리점 대표가 되고 나니 시간과 돈으로부터 자유를 얻게 됐다. 평생의 한이었던 다리 수술을 하기 위해 대한민국 최고의 병원을 찾아보았다. 결국, 2002년 9월 미뤄두었던 인공관절 수술을 받았다. 아직도 어느 정도 불편함이 남아있긴 했지만, 다리 수술을 하고 나니 일반인과 어울려 다양한 스포츠를 즐길 만큼 좋아졌다.

중학교 때 포기했었던 대학에도 진학했다. 10년이나 늦어졌지만, 직장인 특별전형이 생겨 경영학과 03학번 신입생이 됐다. 이제껏 한맺힌 모든 것들이 돈으로 해결되는 순간이었다. 가정형편 때문에 포기했던 것들을 하게 되면서 돈 쓰는 재미를 알게 됐다.

마치 갇혀만 있다가 자유를 얻은 듯 해방감을 주체하기 어려웠다. 졸부처럼 고급 승용차를 타고 다니며 돈을 물 쓰듯 펑펑 쓰고 다녔다. 돈 많이 벌고 성공한 티를 내는 게 더없이 행복했고 돈 쓰는 재미가 쏠쏠했다. 하지만 그사이 검은 그림자가 드리워지고 있다는 사실을 몰랐다. 자동차 할부금융사들이 거래 정보를 공유하기 시작하면서 이전만큼 차가 팔리지 않았다.

씀씀이는 그대로인데 돈벌이는 예전 같지 않으니 서서히 빚을 지기 시작했다. 흥청망청 노는데 정신이 팔려 일하는 시간이 줄다 보니 실적은 더욱 안 좋아졌다. 결국, 빚을 감당하기 어려운 상황을 마주하게 됐다. 고급 승용차를 팔고도 감당이 안 돼 소유하고 있던 집 두 채를 모두 팔아야 했다. 자동차 판매대리점도 팔아야 했다. 가진 재산을 모두 정리해 빚잔치를 하고 나니 보증금 200만 원에 20만 원 월세를 내야 하는 원룸 하나를 겨우 얻을 수 있었다.

그렇게 나는 다시 가난뱅이가 되었다. 하지만 호프집을 말아먹었을 때와는 상황이 달랐다. 다시 가난뱅이가 됐다는 사실을 받아들이기 힘들어 며칠 방황했지만, 곧바로 털고 일어났다. 돈을 많이 벌고 그만큼 여유 있는 삶을 살아 본 사람이 다시 가난해졌을 때는 이전에 느꼈던 가난과는 확연히 다르다는 걸 알게 됐다.

가난했던 어린 시절 다짐이나 다니던 직장을 그만두고 시작한 호프집을 말아먹었을 때와는 달랐다. 비록 지금은 모든 걸 잃고 월세방 사는 신세가 됐지만 어떻게든 상류층 인생을 되찾을 수 있을 거라는 자신감이 있었다.

일단은 생계부터 해결해야 했다. 배운 게 도둑질이라는 말처럼 지금까지 보고 배우고 경험한 자동차 판매를 다시 시작했다. 판매대리점 대표까지 했던 사람이 자존심 다 버리고 다시 영업사원으로 돌아간다는 게 쉬운 일은 아니었다. 하지만 내가 자존심을 내세울 상황이 아니었다. 밤에는 대리운전도 했다. 그렇게 1년을 꼬박 자동차 판매와 대리운전 기사 일을 해서 돈을 벌었다. 하지만 거기에 만족할 내가 아니었다. 언젠가 내 관절에 문제가 생기고 체력이 고갈되면 하고 싶어도 더 할 수 없는 일이었다.

시간이 부족할 만큼 일했지만, 이런저런 사업 구상을 하느라 잠 못 이루는 밤이 많았다. 어떤 일에 몰입해 본 사람들은 알 것이다. 나는 내가 꿈에서도 일하는 모습이 자주 나타났다. 자면서도 무의식 속에서 일했던 것이다. 어느 순간부터는 꿈과 현실이 구분 안 되는 상황까지 자신을 몰아갔다. 꿈속에서 계획한 일을 자고 일어나 실천에 옮기는 날들이 이어졌다. 그만큼 간절했기 때문에 초인적인 몰입도가 생긴 거다. 자동차 판매 일을 하다 보니 차와 관련된 사업을 찾아보던 중 렌터카 사업이 돈이 되겠다고 나의 온 세포들이 직관적으로 반응하고 있었다.

열심히 차를 팔다 보니 궁금증도 많아졌다. 모르는 분야거나 관심이 가는 분야를 깊이 알려 노력하다 보니 관찰력과 통찰력 같은 것들이 생기기 시작했다. 특히 주요 고객이었던 렌터카 회사를 관찰하고 분석하다 보니 차를 사간 지 얼마 되지 않아 또 사가고, 한 달에도 몇 대를 차를 사 가는 걸 보고 렌터카 사업이 돈이 되는 사업이라는 걸 알게 됐다.

그때부터 렌터카 사업을 파기 시작했다. 렌터카 사업을 하려면 뭐가 필요한지, 왜 렌터카 사업이 호황을 누리는지, 렌터카를 타는 사람들은 어떤 사람인지 공부를 하기 시작했다. 아는 만큼 보인다고 렌터카 사업에 대한 이해도가 커지면서 사업에 욕심이 나기 시작했다. 자동차를 파는 일을 하는 사람이 렌터카 업체를 차리면 차를 팔아 돈을 벌고 또 일부는 빌려줘서 돈을 벌고 할 수 있다. 엄청난 돈을 벌 수 있겠다는 생각을 하고 나니 무조건 렌터카 업체를 차려야겠다는 생각에 이르렀다.

하지만 소유 차량이 최소 50대는 있어야 법인설립 허가가 가능한 사업이었다. 그것도 1년 미만의 신차급 차량만 허가받을 수 있다. 이건 내 주머니 형편으로는 도저히 할 수 있는 사업이 아니었다. 당시 나는 빚을 낸다 해도 차량 2, 3대 구매하기도 버거운 형편이었다. 하지만 포기할 수 없었다. 시작만 하면 큰돈을 벌 수 있다는 확신이 섰는데, 자본이 없어서 포기한다는 건 도저히 받아들일 수 없는 일이었다. '뭔가 방법이 있지 않을까?'

아무리 생각해 봐도 결론은 하나였다. 내 힘으로 안 되면 남의 힘을 빌리는 방법밖에 없었다. 이른 아침부터 그동안 나에게 차를 구매해준 고객들과 지인들 명단을 작성한 후 무턱대고 만나고 다녔다.

"내가 렌터카 사업을 하려고 합니다. 돈이 되는 사업이고 잘할 자신도 있는데 도움이 필요합니다."

차를 구매해주면 이익을 나누겠다는 제안을 했다. 이제 와 생각해 보면 참으로 무모했다. 내 돈 주고 산 차를 회사 소유로 넘기라는 제안을 쉽게 받아들일 사람이 누가 있겠나. 도대체 뭘 믿고 돈 한 푼 없이 해 본다고 매달렸는지 모를 일이다. 이유는 간단했다. 난 목표를 보았고, 그 목표가 간절했을 뿐이다. 제안을 들은 사람 중 몇몇은 황당한 표정을 감추지 않았다.

당연한 반응이었다. 그럴수록 나는 더 많은 사람을 만나야 했다.

KFC 창업자는 66세 나이에 창업했다는데, 투자받기 위해 천 번을 넘게 거절당해도 내가 못 할 게 뭐냐는 심정으로 끼니도 거르고 잠도 줄여가며 미친 듯이 사람을 만나고 다녔다. 차량 50대를 확보하려면 수백 명, 어쩌면 수천 명은 만나야 한다고 다짐했다.

그렇게 나를 믿어주는 사람 한 명씩 모으다 보면 언젠가 사업을 할 수 있을 거라 믿었다. 그렇게 시작한 무모하고 헛된 사업 구상은 1년 만에 현실이 됐다. 신차로 차량 50대를 확보하고 렌터카 법인을 설립했다. 자기 잇속을 챙기느라 남에게 손해를 끼칠 사람은 아니라는 걸 믿어준 사람들 덕분이었다. 차 한 대 사달라 부탁했는데 나를 믿고 고급 차를 3, 4대씩 사주는 사람들도 적지 않았다.

어릴 적 엄마는 형, 누나 몰래 내 손에 100원짜리 동전을 쥐어 주셨다. '쌍쌍바'라도 사서 나눠 먹어야 장애가 있는 아들과 놀아주는 친구가 생긴다는 걸 알고 계셨다. 엄마는 그저 막내아들이 친구들에게 따돌림당하는 게 안쓰러웠던 거다. 막내아들 손에 쥐여준 100원짜리가 나중에 엄청난 자산으로 되돌아올 거라는 걸 엄마는 알지 못했다.

그때부터 내가 얻고자 하는 게 있으면 반드시 내가 먼저 내주는 게 있어야 한다는 걸 깨달았다. 사업뿐 아니라 모든 인간관계에서 '주는 게 있어야 얻는다'라는 원칙. 상호성의 법칙을 어린 나이에 깨달았다.

실패를 경험하고 무너져 있을 때 이 원칙은 내가 힘들고 위기가 왔을 때 다시 일어서는 큰 힘이 됐다. 가진 것 없이 렌터카 회사를 차린다고 했을 때 결코 자기 이익을 먼저 챙기는 사람이 아니라고 믿어 준 사람들이 나를 다시 일으켜 세웠다.

차 한 대에 2,000만 원씩만 잡아도
10억은 있어야 할 수 있는 사업이었다.
빚잔치를 하고 난 뒤 월세방을 전전하던
형편으론 꿈도 꿀 수 없는 사업이었다.

#분석 #습관 #욕심 #노력 #통찰력

다시 찾아온 기회

 차를 팔다 보면 돈이 많은 사람도 있고 없는 사람도 있기 마련이다. 돈을 벌어야 한다는 욕심이 크다 보니 차를 팔 때 돈이 많은 사람은 어떻게 돈을 버는지 관찰하고 분석하는 버릇이 생겼다. 당시에는 철강회사나 건설회사가 돈을 많이 벌었다. 차를 팔면서 철강회사는 어떻게 돈을 버는지, 건설회사는 뭘 해서 큰돈을 벌어들이는지, 왜 잘되는 건지, 관심을 두고 공부했다.

 이렇게 관찰하고 분석하는 버릇이 생기다 보니 장사가 잘되는 식당에 가도, 반대로 잘 안 되는 음식점에 가도 예외 없이 음식이 나오는 동안 습관적으로 분석하기 시작했다. 내가 식당을 할 것도 아니면서 자연스럽게 이 집은 이래서 잘 되는구나, 저 집은 저래서 안 되는 거구나 관찰하고 분석했다. 식당에서 가서도 그럴진대 하물며 가장 큰 고객이라고 할 수 있는 렌터카 업체는 오죽했겠나. 평소 습관대로 차를 팔기 위해서는 렌터카 사업에 대한 분석이 필요했다. 처음에는 렌터카 회사를 알아야 차를 더 많이 팔 수 있다는 생각뿐이었다. 노력하다 보니 렌터카 회사에 남들보다 몇 배는 더 차를 팔게 됐다. 그러다 문득 렌터카 사업이 생각보다 돈이 된다는 사실을 알게 됐다. 차를 사 간 지 얼마 되지 않았는데 또 차를 주문하고 얼마 지나지 않아 또 차를 주문했다. 그때 생각했다.

'렌터카 회사에 차만 팔 게 아니라 내가 직접 렌터카 회사를 운영해야겠다.' '한 달에도 몇 대씩 차를 사 가니 그만큼 잘된다는 거 아닌가?'

렌터카 업체를 차려 전국에 프랜차이즈 대리점을 내고 차도 팔고 대여도 하면 '일석이조(一石二鳥)'로 엄청난 수익을 낼 수 있겠다고 생각했다. 처음엔 '언젠가 한다'였는데, 평소 버릇처럼 관찰과 분석을 더 하다 보니 날이 갈수록 아이디어와 생각들이 더욱 구체화하기 시작했다. 하지만 현실은 녹록지 않았다. 렌터카 회사를 차리려면 최소한

50대 차량은 확보해야 허가가 났다. 차 한 대에 2,000만 원씩만 잡아도 10억은 있어야 할 수 있는 사업이었다. 자동차 판매대리점을 운영하면서 다른 사업에 손을 대 크게 사기를 맞아 빚잔치를 하고 난 뒤 월세방을 전전하던 형편으론 꿈도 꿀 수 없는 사업이었다.

지금도 큰돈이지만 17년 전 10억 원은 엄두도 못 낼 큰돈이었다. 누가 들어도 헛된 망상이라고 했을 거다. 하지만 난 그렇게 어렵다는 생각을 하지 않았다. 어차피 나는 밑바닥 인생이었고 아무것도 없이 사업을 하다 망해 본 경험도 있었기 때문에 두려울 게 없었다. 죽을 고비도 여러 차례 겪어 본 마당에 '죽기 아니면 까무러치기' 정신으로 밀어붙여 보자는 생각을 했다. 내가 렌터카 사업을 할 수 있었던 건 '할 수 있다'라는 긍정적인 생각 때문이었다. 그런데 여기에 더해 어려서부터 남의 눈치를 보고 자란 덕분에 생긴 관찰 능력도 한몫했다.

나는 지금도 길거리를 지나칠 때도 무엇 하나 허투루 보거나, 그냥 지나치지 않는다. 각종 사업체 간판을 하나를 볼 때도 글씨체나 크기가 이랬다면, 색상을 달리했다면 더 사람들 눈을 더 사로잡을 수 있었을 텐데 하는 생각을 자주 한다. 이런 관찰 능력은 분석 능력을 키웠고, 이후 무언가 선택해야 하는 갈림길에 섰을 때 커진 통찰력을 발휘해 무언가를 선택하는 데 있어, 큰 힘이 되곤 했다. 의심의 여지 없이 렌터카 사업이 돈이 된다고 확신하게 된 것도 가난과 장애 덕분에 얻게 된 통찰력 때문이라고 난 믿고 있다.

대부분 사람은 잘 알아보지도 않고 '안 되는 일이다' '내가 할 수 없는 일이다' 섣부른 판단으로 포기하는 경우가 많다. 하지만 시도조차 해 보지 않고 포기하다 보면 성공도 실패도 없다. 열 번 도전해 아홉 번 실패해도, 하나만 성공하면 된다. 아홉 번 실패하는 동안 큰 손해를 봤다고 해도 한 번의 성공으로 모든 것을 복구하고 큰 이익을 얻는 경우를 나는 많이 보았고 경험했다.

헬렌 켈러의 말처럼 한쪽 문이 닫히면 반드시 다른 한쪽 문이 열리기 마련이다. 다만 닫힌 문만 바라고 있으면 다른 한쪽 문이 열리는지도 모르고 지나간다는 사실이다. 눈을 크게 뜨고 주위를 살피다 보면 내가 나아갈 수 있는 문도 열리고 길도 보인다.

모든 것을 잃고 절망에 빠져 있을 때 내게 찾아온 다른 한쪽 문은 렌터카 사업이었다. 비록 우여곡절이 많았지만 결국, 2006년에 준비해서 2007년에 렌터카 사업을 시작할 수 있었다.

인생에 3번의 기회가 온다는 말은 내 기준에는 맞지 않는 말이다. 노력하는 사람에게는 100번, 1,000번의 기회가 올 수 있다. 기회가 왔다고 해서 느슨해지면 곧 위기가 닥친다. 노력하는 사람은 기회를 잡지만 노력하지 않는 사람은 단 한 번의 기회도 찾아오지 않는다. 설령 운이 좋아 기회가 찾아온다 해도, 찾아온 기회도 놓치게 된다.

사람들은 나를
'자동차 업계 백종원'이라고 부른다.
나만의 솔루션을 만들고
렌터카 업계에 없던 새로운 프랜차이즈
플랫폼을 만들었기 때문이다.

#대리운전 #우보천리 #투자 #캐시 카우 #끈기 #도전

결과는 생각보다 늦게 찾아온다

사업은 예상대로 잘 굴러갔다. 하지만 처음부터 내 자본 없이 시작한 사업이다 보니 남는 게 없었다. 차를 사준 투자자들에게 이익을 배분하고 직원 월급 주고 나면 내 주머니는 늘 비어 있었다. 렌터카 업체 사장이 됐지만, 여전히 난 낮에는 자동차 판매사원으로, 밤에는 대리운전 기사로 살아야 했다. 이때 주변 사람들 반응은 "거 봐라, 내가 그럴 줄 알았다"였다. 쫄딱 망해 월세방에 사는 놈이 렌터카 사업을 한다고 하니 얼마나 한심해 보였겠나.

그럴수록 오기가 생겼다. 어떻게든 성공하는 모습을 보여주고 싶었다. 자동차 영업사원으로 다시 돌아가 차를 팔고, 대리운전해 번 돈으로 기본적인 생계를 유지했고, 렌터카 사업에서 버는 돈은 모두 렌터카 차량을 구매해 늘리는 데 집중했다. 대리운전하며 만난 손님들에게 자동차 영업사원 명함을 돌릴 정도로 열심히 일했다.

그렇게 낮 밤으로 일하다 보니 하나둘 늘기 시작한 차가 15년여 만에 전국에 120개 대리점을 만들었고 법인 소유 차량만 1,000대가 넘는 회사로 커진 것이다. 이름만 대면 알만한 대기업과 견주어도 크게 부족함이 없는 렌터카 회사로 성장하자 사람들은 나를 어느새 '자동차 업계 백종원'이라고 부르기 시작했다. 나만의 제국, 나만의 솔루션을 만들고 렌터카 업계에 없던 새로운 프랜차이즈 플랫폼을 만들었기 때문이다. 사업이 어느 정도 안정적인 궤도에 올라서면서, 장사가 아닌 사업에 집중해 전국에 대리점을 낼 수 있었다. 사람들이 나를 '자동차 업계의 백종원이라 부르는 이유다.

백종원 대표보다 요리 잘하는 사람은 많다. 경영을 더 잘하는 사람도 차고 넘친다. 백 대표는 대중의 입맛에 맞는 음식점을 만들고 이를 시스템으로 만드는 능력이 뛰어나다.

돈 한 푼 없이 렌터카 회사를 차린 입장에서 전국 대리점을 내는 일은 어찌 보면 그리 어려운 일이 아니었다. 언제나 그랬듯이, 욕심만 부리지 않는다면, 적게 벌고 넓게 퍼트린다는 원칙만 지킨다면 얼마

든지 가능하다 믿었다.

 나는 사업을 하면서 7대 3의 원리를 따르려 노력한다. 내가 3, 상대가 7을 가져가는 구조만 된다면 투자한다. 설사 8대 2, 또는 9대 1이라도 상관없다. 수익이 안정적으로 꾸준히 들어오는 사업이라면 투자할 가치가 있다고 판단했다. 사업에 실패하는 사람들 대부분은 빨리 벌고 많이 버는 일에 집중한다. 하지만 사업은 적게 벌더라도 꾸준한 수익에 집중해야 성공한다.

 지금도 나는 렌터카 사업을 해 보고 싶다고 찾아오는 예비 대리점주들에게 "당신이 차 한 대로 50만 원을 벌든 100만 원을 벌든 대당 5만 원 운영관리비만 받는다. 5만 원 벌고 50만 원어치 일해준다"라고 말한다. 적게 벌고 꾸준히 하나씩 대리점을 늘리는 전략이었다. 예비 대리점주들과 상담을 하다 보면 제일 많이 듣는 질문이 "그렇게 하면 어디서 남냐"는 말이다. 하나의 영업소가 5대 차량이면 매월 25만 원을 받고, 그 이상의 값어치와 솔루션을 제공한다. 한마디로 25만 원 받고 50만 원 이상 일해준다는 마음이니 언뜻 이해가 가지 않는다는 반응이다. 하지만 회사가 보유한 차량이 1,000대가 넘는 회사이니, 관리비로 대당 5만 원씩만 받아도 적지 않은 수익이 발생하니 걱정하지 말라고 설명하면 무릎을 '탁' 치며 놀라워한다. 사업은 양쪽 모두에게 이익을 돌아가야 성사된다.

　돈 없이 사업을 하다 보면 무리한 욕심을 부리기 마련이다. 하지만 오히려 나는 힘든 시간을 보내고 버티면서 당장 큰 수익을 내기보다는 나만의 제국, 나만의 시스템을 만들어야 한다는 생각을 했다. 돈 버는 방법은 많다. 그렇지만 빨리 벌고 크게 벌면 반드시 거품이 생기기 마련이다. 그래서 나는 적게 벌고 조금은 천천히 가더라도 탄탄하게 넓게 퍼트리는 방식을 택했다. 한 걸음 한 걸음으로 천천히 탄탄한 수익구조를 쌓아 나갔다. 그 덕에 우리 회사는 거품이 없다. 마르지 않는 샘물 같은 '캐시 카우(Cash cow)'가 꾸준히 늘어나 우상향 곡선을 그리고 있기 때문이다.

　내 인생 좌우명이 '우보천리(牛步千里)'인데 이러한 사업이 딱 이 말을 설명하고 있다. 자동차 판매대리점을 팔고 빚잔치를 하고 나서 렌터카 사업이 정상궤도에 오를 때까지 3년 동안은 말 그대로 '고난의 행군'이었다. 하지만 아이러니하게도 가장 힘들 때 나는 어떤 사업을 하든 돈이 다가 아니라는 걸 깨달았다. 착하게 돈을 버는 방법을 다시 고민하게 만든 소중한 경험을 했다. 자동차를 팔 때도 남들은 잘 시도하지 않는 다른 방법을 고민해 실행에 옮겼다.

렌터카 사업을 할 때도 마찬가지다. 남들은 큰 수익을 내는데 도전했지만 나는 수익을 적게 내고 넓게 퍼트리는 데 치중했다. 내가 조금 더 양보하고 덜 가져가더라도 고객에게 조금이라도 이익이 가는 방법을 찾다 보면 사업은 안정적으로 커진다는 걸 경험으로 터득했다. 내가 사업을 하면서 7대 3의 원리를 깨달은 건 가난했기 때문이다. 큰 자본 없이 렌터카 대리점을 하겠다고 찾아오는 사람이 지금도 줄을 잇는 건 어렵게 사업을 시작했기 때문에 그들의 힘겨움을 내가 먼저 경험하고 대리점주에게 실질적인 이익이 돌아가는 시스템을 만들었기 때문이다.

이런 사업방식을 들은 누군가는 나에게 "제 밥상 뺏기는 바보"라고 놀리기도 했다. 하지만 내가 그런 바보였기에 많은 사람이 내 말을 믿고 함께 해주었다고 나는 믿고 있다. 구약성서에도 자신이 판 우물을 두 차례나 양보해 복을 받았다는 '이삭의 우물 이야기'가 나온다.

현재 나 같은 바보와 함께 돈을 벌고 있는 대리점이 전국에 120개에 달한다. 내가 바보라는 소문이 더 많이 퍼져나가고 있으니 대리점은 계속 늘어날 것이다. 똑똑한 여우보다 더 현명한 것은 바보 같은 여우다.

우보천리(牛步千里) 마보십리(馬步十里)라는 말이 있다. 소의 걸음은 느리지만 천 리를 가고 말의 걸음은 빠르지만 십 리를 간다는 말이다. 창업을 꿈꾸는 사람들이 가슴에 새겨야 할 말이다. 성급하게 서두르거나 조급하게 덤비지 말고 꾸준함과 끈기로 도전하라는 말을 해주고 싶다.

자고 일어나면 통장에 돈이 쌓이는,
마르지 않는 샘물 같은
안정적인 사업을 해야 한다.
영업은 내가 고객을 쫓는 일이고
사업은 고객이 나를 찾게 하는 일이다.

#결핍 #공부 #실패 #변화 #유튜브 #정치 #공익

생각의 폭

"생각의 폭을 넓혀라!"

나와 함께 사업을 일궈나가는 직원이나 파트너에게 자주 하는 말이다. 살던 대로 살고, 하던 대로 계속하면 사업은 언제나 쇠락의 길을 걷게 된다. 끊임없이 생각의 폭을 넓히기 위해 공부해야 한다. 돈을 벌겠다는 생각의 폭이 '내 이익'이 아니라 '고객의 이익'으로 퍼져나간 건, 누가 뭐래도 '결핍'을 채우기 위한 공부 덕분이다.

가난했기에, 장애가 있었기에, 어려서부터 어떻게든 돈을 벌어야 한다고 생각했다. '결핍'에서 시작된 성공 욕구는 나를 실패가 두렵지 않은 사람으로 변화시켰다. 하지만 가난하고 신체적 장애까지 있는 사람이 언제까지 돈을 좇는 건 한계가 있다.

자고 일어나면 통장에 돈이 쌓이는 마르지 않는 샘물 같은 안정적인 사업을 해야 한다. 영업은 내가 고객을 좇는 일이고 사업은 고객이 나를 찾게 하는 일이다. 생각에 생각을 더해, 몰두하고 몰입하는 습관. 차를 팔 때도 그랬고 렌터카 사업을 할 때도 이 습관은 끊임없이 이어졌다. 더욱 많은 고객에게 이익이 돌아가는 사업은 뭐가 있을까? 더욱더 많은 사람을 이롭게 하는 사업은 뭘까? 이런 생각들 끝에 국내 최초로 2008년 매장형 렌터카를 선보였다. 매장에 전시된 차를 직접 눈으로 보고 장기 대여를 결정할 수 있도록 하기 위해서다.

자동차 관련 다양한 소비자들을 위해 모바일 앱을 출시하고 협동조합을 만들어 조합원들에게 다양한 혜택을 주기도 했다. 자동차 관련 업체, 즉 자동차 판매점, 정비업체, 세차, 자동차용품 등 관련 업체들이 서로 정보를 공유하면서 소비자들에게 편리를 제공하고 더불어 돈도 벌 수 있도록 키워나가는 중이다. 관련 업종에 관심이 있고 소자본으로 돈을 벌고 싶다는 의지가 있는 사람들을 위해 유튜브 채널을 만들기도 했다.

렌터카 사업이 크게 성장하는 몇 번의 계기가 있었는데 그중 하나가 2019년 시작한 유튜브 방송이다. 또 하나의 계기는 2014년 지방선거 출마다. 나는 돈을 벌기 위해 지방선거에 출마했다. 정치권력을 등에 업고 돈벌이 수단으로 삼으려 했다는 말이 아니다. 렌터카 사업뿐 아니라 모바일 앱이나 협동조합 네트워크를 통해 시민들의 삶에 도움이 될 수 있겠다는 생각을 했기 때문이다.

경제적 부담 없이 누구나 캠핑을 즐길 수 있지 않을까. 해외로 나가는 사람이 저렴한 비용으로 인천공항을 오갈 수 있다면. 앞으로 다양한 형태의 공유 플랫폼이 생겨날 거라 믿고 있다. 이를 정치권에서 선제적으로 받아들여야 한다는 신념을 가지고 있다. 2014년, 2022년 지방선거에 나서게 된 진짜 이유이기도 하다. 처음 설립한 회사로부터 15년이 지난 지금, 사업은 5개 법인으로 규모가 늘어났다. 전국 120개 대리점에 1,000대가 넘는 차량을 소유하게 됐다. 이렇게 자리 잡은 판매망이 어느 순간 지금의 배달의 민족 같은 공유 플랫폼으로 변신할지 모를 일이다.

직장인에서 자동차를 파는 영업사원으로 판매왕 그리고 대리점 대표를 거쳐 렌터카 업체 대표로 변신을 거듭해왔다. 이제 공익활동가로 그 영역을 넓혀가야 할 때다.

하루를 무의미하게 보내면 일주일을 망치고,
일주일을 망치면 한 달,
한 달을 놀면 1년을 망친다는 생각으로 살았다.
나에게는 아픈 것도 사치였고,
잠자는 시간도 아까웠다.
이젠 습관이 돼 딱히 할 일이 많지 않아도
새벽 출근하는 게 습관이 됐다.

#열정 #동력 #부러움 #간절함 #부자

새벽 출근

전국에 대리점이 있는 렌터카 업체 대표로 '자동차 업계 백종원'이라는 별칭을 얻게 됐지만 난 여전히 해뜨기 전에 출근한다. 하루를 무의미하게 보내면 일주일을 망치고, 일주일을 망치면 한 달을 망치고, 한 달을 놀면 1년을 망친다는 생각으로 살았다. 나에게는 아픈 것도 사치라는 생각으로 살다 보니, 이젠 딱히 할 일이 많지 않아도 새벽 출근하는 게 습관이 됐다. 남들과 다른 방식의 사업을 생각해 내고 이를 위한 솔루션을 찾아낼 수 있었던 건 새벽 출근이 한몫했다.

아무도 없는 사무실에 앉아 늘 품에 품고 다니는 메모장을 꺼내놓고 차 한잔을 마시는 게 변함없는 일상이 됐다. TV 드라마를 보다가,

책을 읽다가, 광고를 보다가, 또는 누군가와 대화를 나누다 떠오르는 사업 구상을 메모장에 적어 두었다가 동트기 전에 다시 열어보는 재미가 쏠쏠했다. 상상 수준의 아이디어를 놓고 한참 동안 머리를 굴리다 보면, 사업화할 수 있는 해법들을 찾아내곤 했다. 황당하고 엉뚱한 것들도 많지만, 항상 안된다는 생각은 해 본 적이 없다. 긍정도 너무 긍정이다. 어느 것은 상당한 시간을 두고 설계하지만, 어느 것은 바로 실행에 옮겨 보기도 했다.

새벽 출근 습관은 자동차 영업사원 시절부터다. 새벽 출근이 당장 영업에 도움이 되는 건 아니었다. 사람을 만나야 하는 일인데, 남들 다 자는 시간에 나가 봐야 할 일이 따로 있지 않았다.

다리를 저는 중증장애인이 다른 영업사원보다 앞설 수 있는 게 없었다. 새벽 출근은 남들보다 일찍 일어나겠다는 의지만 있으면 할 수 있는 일이었다. 일찍 일어나 명상하고, 생각을 정리하고, 하루를 계획하는 건 내 의지대로 할 수 있는 일이었다. 그렇다고 자동차 판매대리점에 취직한 날부터 새벽 출근을 한 건 아니었다. 실적이 없었던 몇 개월은 늦잠도 자고 게을렀다.

첫 계약을 성사하고 난 뒤 큰돈을 벌 수 있다는 자신감이 생기면서 열정이 커지기 시작했다. 돈을 벌어보자는 욕심이 생기니 새벽에 저

절로 눈이 떠졌다. 어두운 새벽길을 나서 출근할 때마다 나는 밤새도록 도둑질하는 사람도 이런 심정이겠구나 하는 엉뚱한 생각을 하며, 혼자 웃음 짓곤 했다. 통장에 돈이 들어오는 걸 눈으로 확인하고, 노력하면 큰돈을 벌 수 있다는 걸 확인한 뒤부터는 없던 열정이 생겼다. 밤늦게까지 일하다 집에 가면 너무 피곤해서 씻지도 못하고 곯아떨어질 때가 한두 번이 아니었다. 너무 간절했기에 몰입하다 보니 잠을 자면서도 꿈속에서도 일했고, 무의식 속에서 계획했던 일을 새벽에 일어나 정리하는 날이 반복됐다. 그러다 보니 생각을 정리할 시간이 필요했다. 새벽에 일어나 생각을 정리하는 습관은 낮에 누군가를 만나 영업 일을 할 때 많은 변화를 만들었다.

가장 큰 변화는 말을 잘하게 됐다는 것이다. 영업전문가가 갖춰야 할 덕목 중 가장 중요한 게 공감 능력과 의사소통 능력이라고 난 믿고 있다. 어려서부터 남 눈치를 보고 자란 덕에 남의 처지에서 생각하는 공감 능력은 어느 정도 갖춰졌다고 생각했지만 말하는 능력은 부족했다.

출근해 회의하면 엉뚱한 얘기를 늘어놓아 선배들의 비웃음을 사는 일이 자주 있었다. 고객을 만날 때도 전달력이 떨어져 신뢰를 얻지 못하는 경우도 발생했다. 새벽 출근은 이런 내 단점을 보완하는 데 주효

했다. 회의 시간에 무슨 말을 해야 할지 미리 정리하고 고객들에게 정확한 정보를 전달하기 위해 자료도 살피고 공부했다. 이렇게 하루를 시작하는 습관은 20년이 지난 지금까지 이어져 오고 있다. 지금은 회의 시간에 직원들에게 해줄 말을 정리하는 데 공을 들이고 있다. 회사 대표 관점에서 직원들을 혼내야 할 때도 있고, 격려해야 할 때도 있기 마련이다. 어떻게 말하면 직원들에게 동기부여가 될지, 힘을 잃은 직원에게 용기를 북돋을지 고민하며 직원들의 출근을 기다리는 것이다.

월급 받는 직원들은 시키는 일만 하려는 수동적 태도를 보일 때가 많다. 자발적으로, 자기 주도적으로 일하라고 강조해도 프로세스를 만들어 주지 않으면 움직이지 않는다. 이렇게 해 볼까, 저렇게 해 볼까를 생각하다 보면 의외로 아주 단순한 변화에서 새로운 마음가짐을 갖게 되기도 한다. 난 가끔 직원들 책상 위치를 바꿔 보기도 한다. 새로운 마음가짐으로 일하라는 뜻으로 하는 행동이다.

사무실 앞에 쓰레기 있는데 아무도 치우지 않는다거나 전시 매장 앞에 주차장이 관리되지 않는다거나 하는 사소한 일에 화를 내기도 한다. 어떻게 하면 차를 한 대 더 팔까만 생각하고 살아야 하는 영업사원들이 가장 기본적인 고객의 편의를 생각하지 않는다고 생각해서다.

남들은 온종일 차 파는 일에만 몰두하는 나를 두고 한마디씩 한다. 이제 사업도 안정적으로 유지되고 있으니 놀기도 하고 사람들과 어울리기도 하라고.

사실 유전적으로 난 한량 기질을 타고난 사람이다. 할아버지도 그랬고 아버지도 가족을 돌보지 않고 노는 걸 좋아하시는 천하의 한량이셨다. 나 역시 한량까지는 아니어도 노는 걸 좋아하는 사람이다. 가끔 시간이 나면 조조 영화도 즐기고, 탁구나 야구 같은 스포츠를 즐기기도 한다. 하지만 가난과 결핍이 만든 생각하는 습관은 나를 쉽게끔 내버려두지 않았다. 더 많은 돈을 벌고 더 큰 사업을 일구려는 욕심은 단순한 물욕이 아니라 몸에 밴 생각 습관이 멈추지 않기 때문이다.

솔직히 말하면 이 자리까지 서게 된 것만으로도 나는 너무나 고맙고, 감사하다. 이대로 세상이 변하지 않았으면 좋겠다는 생각을 할 정도로 지금 상황에 너무 만족하며 살고 있다. 하지만 오늘부터 돈을 그만 벌어야지 한다고 그렇게 되는 건 아니지 않나? 지금까지 해왔던 생각, 그 생각하는 몸에 밴 습관이 나를 앞으로 나아가게 하는 것이다.

생각하는 습관은 내게 일종의 직업병 같은 거다. 손님이 많은 식당에 가면, 이 식당은 왜 손님이 많은 걸까, 안되는 식당에 가면 이렇게 하면 더 잘될 텐데, 이런 생각을 골똘히 할 때가 많다. 내가 식당 할 것도 아니고 아닌데 그냥 습관처럼 하는 거다. 나는 직원들에게 이런저런 지시를 하지 않으려 노력한다. 방향조차 제시하는 걸 꺼린다. 하지만 스스로 자신과 일에 대해 생각할 시간과 공간을 마련해 주려고 노력하는 편이다. 스스로 고민하고 생각한 끝에 결론을 스스로 내려야 동력이 생기기 때문이다. 차를 파는 영업사원은 전단 명함만 열심히 돌려도 어느 정도는 먹고 사는 일이다. 하지만 알면서도 몸을 움직이지 않는 사람에게 방법을 알려주고 잔소리하는 건 무의미한 일이다.

스스로 깨닫고 하겠다는 의지를 다지지 않는다면 소용없는 일이다. 스스로 생각하고 행동하게 만드는 일, 생각하는 습관을 갖도록 돕는 일이 내가 할 일이다. 가난해지는 습관을 버리고 부자가 되는 습관을 갖도록 돕고 싶다. 강력한 동기가 필요하다면 일부러라도 결핍을 만들어야 한다. 돈 몇 푼 벌었다고, 조금 나아졌다고 바로 외제 차 타고 골프 치고 살아서는 성공하기 어렵다. 2, 30대 젊은 사업가들이 잠시 잘됐다가 망하는 이유 중 하나다. 나 역시 그랬다. 적은 돈이라도 투자하고 때를 기다리는 결핍의 시간을 견뎌내야 부자가 된다.

결핍은 부러움을 낳고, 부러운 만큼 간절함이 생기기 마련이다. 그 간절함이 강력한 동기와 목표를 만들고, 그 목표를 포기하지 않게 만들어 성공을 이루게 도와주는 것이다.

3부

내 인생의 사람들

엄마에게서 호흡기를 뗀다는 연락을 받았지만
나는 병원에 가지 않았다. 아니 가지 못했다.
도저히 엄마가 숨을 거두는 장면을
볼 자신이 없었다.

#병원 #호흡기 #아버지 #돈다발 #밥 #유산

그리운 어머니

 호흡기를 달고 계신 와중에도 엄마는 연신 손을 입에 대시며 밥 먹는 시늉을 하시며 막내아들이 밥을 먹었는지 궁금해하셨다.

 "먹었어요."

 그래도 자꾸 손을 입대 대시며 밥 먹는 시늉을 하셨다. 불편한 다리로 차를 팔러 다니는 못난 막내아들이 혹여 밥이라도 굶고 다닐까 걱정돼서 그러신다는 걸 알았지만 속이 상했다.

 "먹었다니까요."

 퉁명스럽게 말했다. 본인은 스스로 숨을 쉬지도 못할 만큼 병세가 안 좋아 고통스러워하면서 왜 자꾸 멀쩡한 아들 걱정을 하는지 답답

한 마음에 나도 모르게 큰소리를 쳤다. 그러면서도 눈에서는 눈물이 하염없이 흘렀다. 그런데, 그게 엄마의 마지막 모습이었다. 그렇게 엄마에게 큰소리를 지르고 난 뒤 3일 만에 엄마는 숨을 거두셨다.

엄마에게서 호흡기를 뗀다는 연락을 받았지만 나는 병원에 가지 않았다. 아니 가지 못했다. 도저히 엄마가 숨을 거두는 장면을 볼 자신이 없었다.

엄마는 아들 둘 딸 하나를 둔 아버지와 결혼하셨다. 이후 셋째 형과 나를 낳았다. 아버지는 내가 태어날 즈음 사업에 실패했고 이후로 가정을 돌보지 못하셨다. 집에 안 들어오시는 날도 허다해 아버지 얼굴이 흐릿할 정도였다. 아버지는 유복한 집에 막내아들로 태어나셨고, 평생을 자신만 생각하며 사셨다. 내 배만 부르면 처자식이 굶든 말든 크게 걱정하지 않는 한량이셨다. 그래서 나이 차이가 크게 나는 첫째 형과 둘째 형은 학교 수업이 끝나면 이런저런 돈벌이에 나서야 했다. 석유 배달도 하고 아이스크림 장사도 했다. 하지만 어린 셋째 형과 누나, 그리고 나는 엄마가 일해 먹이고 학교도 보내야 했다. 오일장을 돌아다니며 옥수수 술빵을 파셨고 쪽방촌 연탄을 갈아주거나 남의 집 빨래를 해주는 허드렛일을 하며 남은 자식들을 돌보셨다. 그나마 셋째 형은 친구들 도시락을 뺏어 먹을 만큼 넉살이 좋았지만 나는 그렇지 못했다. 나는 어려서 알 수 없는 병을 앓았고 돈이 없어 병원 치료 한 번 제대로 받지 못해 소아마비 같은 다리를 저는 장애를 안게 됐다.

엄마는 늘 내 걱정을 하셨다. "뭘 해 먹고 사려나. 장가는 가려나" 입버릇처럼 말할 때마다 긴 한숨을 내뱉으셨다. 언젠가 꼭 성공해 엄마를 호강시켜 드려야지 생각했지만, 엄마는 기다려 주지 않았다.

자동차 판매사원을 하면서 제법 큰 돈을 벌었고 이제 막 효도라는 걸 하려는데, 돌아가셨다. 2002년 엄마는 내가 타고 다니던 고급 승용차를 타고 대형마트에 장을 보러 다닐 때 제일 행복해하셨다. "막내아들 덕분에 이렇게 좋은 차를 타 본다. 내가 이제 죽어도 여한이 없다"라며 어린아이처럼 해맑은 미소를 지으셨다. 그런 소소한 행복도 겨우 4개월이 다였다. 돈 벌어서 다리 수술도 하고, 돈 없어서 포기했던 대학 공부도 마쳤지만, 엄마는 그 모습을 보지 못하셨다.

장례를 치르고 집에 돌아와 엄마가 쓰시던 물건들을 정리하다가 엄마가 장롱 속에 꼭꼭 숨겨둔 200만 원 정도의 돈다발을 발견했다. 돈다발을 보는 순간 아버지가 엉엉 우셨다. "돈 한 푼 마음 편히 써보지 못하고 죽었다"며 펑펑 우셨다. 아버지께서 그렇게 소리 내어 우는 모습을 처음 보았다. 그 울음소리에는 엄마를 향한 미안함이 고스란히 담겨 있었다.

그날 이후 얼마 지나지 않아 나는 엄마와 함께 살던 빌라를 처분했다. 도저히 집에 들어갈 수 없었다. 집안 곳곳에 묻어있는 엄마 냄새가 너무 고통스러웠기 때문이다. 문이 닫히면 곧바로 열리는 문을 바라봐야 한다며 실패를 두려워하지 않던 나도 그때는 스스로 문을 걸어 잠그고 살았던 힘든 시기였다.

그때는 그랬지만 20년 세월이 지나고 보니 지금은 그 엄마 냄새가 너무 그립다. 퇴근길에 엄마와 함께 살던 빌라를 매일 지나친다. 나는 할 수 있다면 빌라를 다시 사고 싶다는 생각을 자주 한다. 엄마 냄새가 아직 남아있을지도 모른다는 생각을 하곤 한다.

엄마는 초등학교도 졸업하지 못했다. 그래서 늘 아버지에게 무식하다는 핀잔을 들어야 했다. 하지만 내 인생에 가장 큰 지혜를 준 사람은 엄마였다. 친구들에게 따돌림을 당할까 봐 매일 손에 쥐여준 100원짜리 동전 덕분에 나는 외롭지 않았다. 그뿐 아니라 내가 얻고자 하는 게 있으면 반드시 내주는 게 있어야 한다는 상호성이 원칙을 깨닫게 해주셨다. 얼마 되지 않는 돈을 벌기 위해 새벽 일찍 나가서 밤늦게까지 일하시면서 성실하게 살아야 한다는 걸 몸으로 가르치셨다.

장애가 있는 아들이 몸을 쓰는 일을 할 수 없으니 끊임없이 배우고

익혀야 험난한 세상을 헤쳐 나갈 수 있다는 걸 가르치셨다. 엄마가 내게 준 유산은 너무 많고 크다.

한때는 '부잣집에서 태어났다면', '장애가 없었다면' 생각하면서 부모를 원망한 적도 있었다. 하지만 내가 그런 결핍과 간절함 속에서 포기하지 않고 지금까지 달려올 수 있었던 건, 숨을 거두는 순간까지 자식의 밥 한 끼를 걱정하신 엄마가 있었기 때문이다.

좋은 경험을 쌓는다는 게 그만큼 중요하다는 걸 나는 선생님 덕분에 깨닫게 됐다.
좋은 경험은 좋은 지식을 만들고,
그게 인생을 살면서 뿌리가 되고
바탕이 된다는 걸 알게 해주셨다.

#가출 #친구 #위로 #동기부여 #1등

이철우 선생님

 돌이켜 보면 내 인생에 몇 차례 위기가 있었다. 사업에 실패해 극단적인 선택을 시도했던 적도 있었다. 하지만 가난과 장애를 원망하던 청소년 시기에 자칫 인생을 망칠 수도 있었던 가출이 실패로 돌아간 건 지금 생각하면 천만다행한 일이었다.

 빨리 돈을 벌어 성공해야 한다는 의지가 너무 과했던 걸까? 나는 공업고등학교 진학하고 얼마 되지 않아 1학년 학기 초에 서울로 가서 돈을 벌어야겠다는 바보 같은 생각을 하고 결국, 가출을 결심했다.

 아침 일찍 고속버스를 타기 위해 하루 전날 집을 나와 친구네 집에서 하룻밤을 보내고 터미널로 향했다. "아무에게도 말하면 안 된다"라며 친구에게 신신당부했지만 허사였다. 고속버스 터미널에서 서울 가는 버스를 기다리고 있는데, 갑자기 이철우 담임 선생님이 나타나셨다. 다리가 불편하니 도망갈 수도 없어 그대로 꼼짝없이 붙잡혀 학교로 돌아가야 했다.

하룻밤을 재워 준 친구가 등교하자마자 선생님에게 나의 가출계획을 알렸다는 걸 나중에야 듣게 됐다. '학교에 가면 매를 맞겠구나' 각오를 했지만, 선생님은 매를 들지 않으셨다. 오히려 따뜻한 말로 타이르셨다. 아마도 가난하고 장애도 있는 제자가 안쓰러워서 차마 매를 들지 못하셨을 거라는 생각이 든다. 그때 이후 나는 열심히 공부했다.

청소년기에 한 번쯤 있을 법한 사건이었지만 돌이켜 생각하면 그때 친구가 선생님에게 알리지 않아 가출에 성공했다면 내 인생은 180도 달라졌을 거다. 틀림없이 나쁜 짓을 하며 인생을 망가뜨렸을 거다. 선생님은 기억하실지 모르겠지만 그날 이후 나는 절망에 빠져 막살아야겠다는 생각이 들 때마다 그날 가출 사건과 선생님의 따뜻한 위로의 말을 떠올리곤 했다.

1997년 호프집을 하다 망했을 때 잠시 나는 카드깡이나 오락실에 게임기를 납품하는 일을 했다. 모두 불법이었다. 이때도 나는 얼마 가지 않아 숨어서 일하는 일 말고 당당하게 돈을 벌어야겠다는 다짐을 했다. 이후 마음을 고쳐먹고 1998년 자동차 판매대리점에 취직했다. 비록 고되고 힘든 일이어도 정상적인 일을 해 성공하겠다는 다짐을 했기 때문이다. 그날 가출 사건 이후 "꼭 잘 살아야 한다"라고 다짐한 게 영향을 끼쳤다고 믿고 있다.

좋은 경험을 쌓는다는 게 그만큼 중요하다는 걸 나는 선생님 덕분에 깨닫게 됐다. 좋은 경험은 좋은 지식을 만들고, 그것들이 인생을 살면서 뿌리가 되고 바탕이 된다는 걸 알게 해주셨다.

어린 시절 이런저런 멸시와 조롱을 들었고 험한 일들을 많이 보았다. 그때마다 인생의 위기가 있었을 때마다 얼마든지 나쁜 선택을 할 수 있었던 계기가 많았다. 하지만 가출 사건 이후 선생님의 따듯한 위로 한마디가 나를 위기가 올 때마다 무너지지 않고 딛고 일어서는 사람을 만들었다. 이후 반에서 1등을 놓치지 않을 만큼 열심히 공부했다. 그 덕분에 졸업 전에 비교적 좋은 제약회사에 취업할 수 있었고 이후 자동차 판매대리점에서 일할 때도 판매왕 자리에 설 수 있었다고 나는 믿고 있다.

나는 가끔 이철우 선생님이 아니었다면 그때 가출해서 어떤 삶을 살았을까 생각하곤 한다. 그때 나를 붙잡으러 고속버스터미널로 오시지 않았다면, 따뜻한 말로 용기를 주지 않으셨다면, 아마도 돌이킬 수 없는 안 좋은 선택을 하지 않았을까? 돌이켜 보면 내 인생 곳곳에 이우철 선생님 같은 은인들이 있었기 때문에, 오늘날 내가 있다는 생각을 하게 된다.

많은 대리점 대표들이
"다리가 불편한데 영업일을 할 수 있겠냐"며
문전 박대를 해도 포기하지 않고
문을 두드렸던 건 어찌 보면
여자친구와 그의 어머니 때문에 생긴
오기 덕분이었다.

#장애 #연락 두절 #상처 #오기 #선한 영향력

여자친구의 어머니

제약회사를 그만두고 잠시 화장품도매업체 직원으로 일할 때 여자친구를 사귀게 됐다. 친구들과 어울리는 자리에서 알게 됐는데, 호감을 느껴 적극적으로 구애를 했다. 이후 사이가 가까워져 호프집을 차리면서 같이 일하게 됐고 그만큼 함께 보내는 시간도 많아졌다. 결혼까지 생각했기 때문에, 여자친구는 자신의 엄마를 한번 만나자고 제안했다. 둘 사이는 변함없이 좋았지만, 걱정됐다. 나는 다리가 불편한 장애인이었으니 여자친구의 어머니가 나를 어떻게 받아들이실지 모를 일이었다. 약속을 잡고 여자친구의 어머니와 식사를 같이 하게 됐다.

걱정은 현실이 됐다. 나를 본 여자친구의 어머니는 말씀이 없으셨다. 식사도 별로 하지 않으셨다. 그렇게 대화 없이 시간이 흐르고 결국 별다른 말씀도 없이 자리를 뜨셨다. 이후 여자친구와의 연락이 잘 되지 않았다. 그렇게 얼마 지나지 않아 결국, 여자친구는 연락 두절 상태가 됐다. 짐작이 가능했다. 여자친구 어머니를 만나기 전에 여자친구는 사귀는 남자가 장애가 있다는 얘기를 어머니에게 말했고 알려줬다. 그런데 생각했던 것보다 내 장애가 심각하다고 알게 된 거고 교제를 반대하신 거였다. 물론 여자친구로부터 아무 얘기도 듣지 못했기 때문에 이런 판단은 내 짐작일 뿐이다. 차라리 이런저런 이유로 어머니가 반대하시니 그만 만나자는 얘기라도 들었다면 그렇게 상처가 크진 않았을 것이다. 하지만 여자친구는 아무런 말도 없이 나와의 연락을 끊었다. 미칠 노릇이었다. 그사이 나는 하루에도 몇 번씩 끓어오르는 분노와 원망들이 오고 갔다. 여자친구는 물론 그의 어머니를 설득할 기회조차 얻지 못했기 때문에 오만가지 생각이 들었다.

이후 얼마 가지 않아 IMF 구제금융 사태가 터지면서 장사가 안돼 호프집마저 접어야 했다. 여자친구를 잃고 사업까지 망한 뒤 엄청난 빚더미에 앉게 됐다. 더구나 부모님이 사는 빌라마저 경매로 넘어가게 될 판이었다. 도저히 살아야 할 이유가 없었다. 차라리 아무도 모르는 곳에 가서 죽는 게 낫겠다는 생각을 할 만큼 힘들었다. 인생을 살면서 그렇게 힘들었던 시기가 있었나 할 정도로 한동안 절망에 빠져 살아야 했다.

시간이 흐르면서 원망은 독기로 바뀌었다. 그 독기는 어느 순간부터 엄청난 에너지로 바뀌기 시작했다. "내가 어떻게 잘되는지 두고 봐라." 이때 생긴 오기 덕분에 난 자동차 판매대리점에 취직할 수 있었다. 많은 대리점 대표들이 "다리가 불편한데 영업일을 할 수 있겠냐"며 문전 박대를 해도 포기하지 않고 문을 두드렸던 것도 어찌 보면 여자친구와 그의 어머니 때문에 생긴 오기 덕분이었다.

그 후로 한 번도 여자친구는 물론 그의 어머니와도 마주한 적이 없었지만 지금 나는 그들에게 아무런 원망도 남아있지 않는다. 오히려 고마운 마음이 더 크다. 그때 그렇게 냉정하게 연락을 끊어주었기 때문에, 내게 반드시 성공해야겠다는 간절함과 독기를 원동력으로 만들어 주었다고 생각한다. 내 인생을 바꾼 사람 중 그들이 있었기에 '자동차 업계의 백종원'이라는 별칭을 얻을 만큼 사람들에게 나는 성공한 사업가로 보이고 있다.

살다 보니 강한 사람은
힘이 있거나 돈이 많거나 똑똑한 사람이
아니라는 걸 알게 됐다. 정말 강한 사람은
내 주변에 내가 잘되길 진심으로 바라는
사람이 많은 사람이다.

#자동차 할부금융 #동업 #대박 #욕심 #열정

내 인생의 내비게이션 조영진

 지금까지 살아오면서 내비게이션 같은 역할을 한 사람이 몇 사람 있다. 그중 하나가 조영진 대표다. 자동차 영업사원 시절, 그를 처음 만났다. 자동차 할부금융사 직원으로 일하던 연정환 씨가 소개했다. 조영진 대표는 당시 20여 명의 직원을 둔 아주캐피탈 할부금융사 에이전트 대표였다.
 한참 렌터카 사업 구상에 빠져 있을 때 연 씨가 자기 상사이자 친구였던 조 대표를 만나보라 한 게 인연의 시작이었다. 당시에는 자동차 영업사원들이 할부금융사 직원들에게 갑질 아닌 갑질을 하는 경우가 많았다. 하지만 어려서부터 '병신' 소리를 밥 먹듯 듣고 자란 나는 모든 사람을 같은 시선으로 바라보는 게 습관이 되어서인지 연 씨와 좋은 파트너 관계를 유지했다.

그래서인지 내가 렌터카 사업을 구상한다고 하자 선뜻 조 대표를 소개해 줄 테니 만나보라고 제안했다. 조 대표와 첫 만남에서 나는 그를 한눈에 나랑 같은 과라는 걸 알아봤다. 그는 자동차 할부금융사 에이전트 대표로 일하면서 한 달에 수천만 원을 벌었는데도 끊임없이 남들 하지 않는 사업에 투자했다. 학원에 가는 학생들이 학원에서 지문을 찍으면 학부모에게 전달되는 시스템도 조 대표가 국내 처음 시도한 사업이다.

조 대표가 구상하고 조언한 사업을 넘겨받아 막말로 '대박'을 친 사람도 여럿 있었다. 당시 난 조영진 씨와 렌터카 사업 구상을 같이하는 동업자였다. 이후 그가 속해있던 자동차 할부금융사가 2008년 미국발 금융위기로 어려워지면서 더는 렌터카 사업을 같이할 수 없게 되긴 했지만, 당시 그와 설계한 렌터카 상품들은 당시로서는 획기적이었다.

렌터카 사업은 잘 들여다보면 차를 판매하는 사업이 아니라 금융 사업이다. 할부금융을 잘 활용해야 사업을 키울 수 있다. 대기업 렌터카 업체를 제외하고, 나름 규모를 갖추고 빠르게 성장하는 렌터카 회사들이 있는데, 모두 할부금융을 잘 활용하는 회사다. 그래서 난 조 대표와 15년 만에 새로운 사업을 구상 중이다. 자동차 할부금융사를 차리거나 기존 할부금융사와 제휴해 렌터카 사업 규모를 확대해 보려는 것이다. 최근 홈쇼핑에서 롯데·SK·현대캐피탈 등이 사업화하고 있는 '신차 장기렌트카' 사업과 유사하다고 보면 된다.

살다 보니 강한 사람은 힘이 있거나 돈이 많거나 똑똑한 사람이 아니라는 걸 알게 됐다. 정말 강한 사람은 주변에 내가 잘되길 바라는 사람이 많은 사람이다. 내가 도움 요청을 하지 않아도 알아서 도와주려는 사람이 줄을 서는 사람이야말로 가장 강한 사람이다. 나와 조 대표가 서로 그런 사람이다. 나 혼자 잘 되기보다 함께 잘되는 방법을 찾으려 노력하는 사이다. 느슨한 연대를 이어 오다 뭔가에 꽂히면 바로 적극적인 협력으로 태세 전환을 할 수 있는 사람인 것이다. 옛 어르신들이 "덕을 쌓고 살아라"라는 말씀을 많이 하셨는데, 이제야 조금 그 뜻을 알고, 가슴에 새기고 있다.

내가 조금 손해 보고 한발 물러서고 양보해도 큰일 생기지 않는다. 오히려 눈앞에 이익을 좇다가 낭패를 보는 경우가 더 많다. 조 대표와 내가 오랜 인연을 이어 온 것도 서로 욕심을 부리지 않아서다. 욕심은 없지만, 열정은 넘치는 사람과의 동업은 즐겁다.

조 대표 말고도 내가 잘되기를 바라는 여러 사람이 있다. 이들 대부분은 앞서 언급한 7대 3의 원칙을 지키며 관계를 맺어 온 사람들이다. 먼저 주고, 더 주는 사람이라는 걸 잘 알기에 내가 잘되기를 바라는 것이다. 내가 잘되면 나와 함께 했던 사람들에게 더 많은 이익이 돌아간다는 사실을 잘 알고 있기에 내가 추천하는 모든것들을 지지해주고 믿어주는 주변 동료들이 모여서 내가 더 강한 사람이 되어가고 있다.

내가 본 전은태-1

이유림 차놀자 홍보마케팅 담당

이유림 차놀자 홍보마케팅 담당은 2022년 8월 1일 입사한 신입사원이다. 대학에서 실용음악(보컬)을 전공한 그가 가수의 꿈을 뒤로 하고 〈차놀자〉에 입사한 이유가 뭘까 궁금했다. 새롭게 도전하는 일이 마냥 즐겁고 행복하다는 그녀를 만나봤다.

#면접 #선입견 #걱정 #조언 #소통 #보답 #노력

대학에서 보컬을 전공했다고 들었는데

"가수가 되고 싶어서 실용음악과를 선택했다. 졸업 후에 입시학원에서 아이들을 가르치는 일을 하며 돈을 벌었는데…. 기본적인 생활을 유지하는 것도 힘들었다. 취업해야겠다고 생각했다. '내가 잘할 수 있는 일이 뭘까?' 고민이 많았다. 홍보마케팅 쪽 일이 재미있을 것 같아 취업 지원 프로그램에 참여했고 운 좋게 취업도 하게 됐다."

〈차놀자〉를 선택한 이유는?

"취업 지원 프로그램을 운영하던 학원에서 추천해 줬다. 솔직히 렌터카 회사라고 해서 좀 망설였다. 렌터카 회사에 대해 좋지 않은 선입견이 있었다. 전화로 사전 면접을 봤는데 전화 통화한 사람의 말투가 좋지 않아 '가지 말까?' 하는 생각도 했다. 대면 면접 때 보니 그 말투 안 좋은 사람이 전은태 대표셨다.(웃음)"

후회하지 않나?

"만족하고 있다. 입사 전에 '내가 잘할 수 있을까?', '뭔가 아이디어를 냈는데 거절당하는 건 아닐까?' 여러 걱정이 많았다. 하지만 지금은 〈차놀자〉에 입사하길 정말 잘했다는 생각을 하고 있다.

신입사원이 내는 설익은 아이디어를 대표께서 귀담아 들어주시고 조언도 아끼지 않으신다. 직원들도 마찬가지다. 뭔가 더하고 싶고 배우고 싶게 만드는 분들이시다."

그동안 어떤 일을 했나?
"입사해 보니 '대표께서 많은 일을 해 놓으셨구나' 그런 생각이 들었다. 좀 더 체계적인 틀을 만들어 홍보하고 마케팅하는 일이 내일이라는 다짐을 하고 있다. 회사 규모와 비교하면 온라인 홍보가 부족하다는 생각이 들어 블로그도 만들고 인터넷 카페도 만들었다. 온라인 소통 채널을 늘려가는 중이다. 대표께서 유튜브에 관심이 많으시다.
기회가 된다면 전공을 실려 음악으로 〈차놀자〉를 알리는 영상물도 만들어 보고 싶다."

새로운 꿈을 꾸고 있는 것 같다
"노래하는 가수가 되고 싶다는 꿈 말고는 다른 생각을 해 본 적이 없다. 입사 전에 잘 적응할 수 있을지 걱정이 많았는데···.
스스로 생각해도 좀 의외다. 남들이 들으면 비웃을지 모르겠지만 〈차놀자〉를 〈야놀자〉나 〈배달의 민족〉처럼 키워보고 싶은 욕심이 생겼다. 이런저런 아이디어를 던지면 실행에 옮길 수 있도록 대표께서 힘을 실어 주시니 없던 욕심도 샘솟는 거 아닌가 싶다."

대표에게 하고 싶은 말이 있다면 한마디

"입사한 지 얼마 안 돼 장염에 걸려 고생한 적이 있었다. 조퇴하고 싶었지만 차마 입이 떨어지지 않았다. 잠시 병원에 다녀오겠다는 말을 겨우 했는데 대표께서 "아프면 쉬어야지" 하며 스스로 운전해 병원에 데려다주시고 집까지 태워다 주셨다. 경력도 없는 사람을 믿고 채용해 주신 것도 감사할 일인데 고마웠다. 부족한 신입사원에게 공부할 기회도 주셨다.

시간이 지날수록 대표의 창의력이나 사업가로서 가치관에도 공감의 폭이 넓어지고 있다. 믿음에 보답하기 위해서라도 부족함을 채우기 위한 노력을 아끼지 않을 생각이다."

내가 본 전은태-2

이지원 천안시의원

이지원 천안시의원은 2022년 6월 1일에 있었던 지방선거에서 당선된 초선이다. 시의원이 되기 전부터 그녀는 〈차놀자〉에서 교육 컨설팅을 해왔다. 의류학을 전공한 이학박사가 렌터카 회사와는 어떻게 맺어진 걸까? 이 의원을 만나 전은태 대표와의 인연에 대해 들어봤다.

#인연 #몽상가 #연필심 #몸가짐 #태도 #영업

〈차놀자〉와 인연이 궁금하다

"〈차놀자〉와 인연이라기보다는 전은태 대표와 인연이라고 해야 맞는다. 초록우산 충남위원회 부회장을 맡아 봉사할 때 릴레이 후원자 중 한 명이 전 대표였다. 천안시 개발 위원회 사무국장을 할 때 신입회원으로 인연을 맺기도 했다. 담장 사이로 있던 남·여 고등학교에 다닌 동갑내기라는 것도 나중에 알게 됐다."

동업 관계인가?

"아니다. (웃음) 공공사업이나 교육사업 같은 데 관심이 많았다. 지금의 〈타다〉 같은 자동차 공유 사업을 구상하고 있다는 말을 전 대표에게 오래전에 들었다. 그때만 해도 속으로 '몽상가인가' 했다. 그 이후로도 앞뒤 없는 생각을 말해놓고 긍정적인 생각을 결론으로 끌어내는 장면을 여러 번 보여줬다. '이 사람 뭐지'라는 궁금증이 생기더라. 의상학 공부한 사람을 교육상담사로 앉히는 것도, 아마 그의 상상력이었을 거다. (웃음)"

어떤 컨설팅을 하는지 궁금하다

"의상학 전공한 사람이 렌터카 회사에서 무슨 교육컨설팅을 하는가가 궁금해서 하는 질문이라 생각한다. 렌터카 회사는 고객을 직접 대면해야 하는 직원들이 많을 수밖에 없다. 고객을 대하는 몸가짐(Attitude)이 필요하다. 태도는 의상학과 무관치 않다. 의복은 고객을 대함에 있어 첫인상을 결정짓는 가장 중요한 조건이 될 수 있다. 잘 차려입은 사람은 대부분 태도가 불량하지 않다. 전 대표는 '신뢰는 태도에서 비롯된다'라고 믿고 있고 이와 관련된 교육컨설팅을 요구했다."

정치적인 이해관계는 없나?

"전 대표가 2014년 지방선거 예비후보에 나선 경험이 있고, 2022년에도 후보로 나섰지만, 아쉽게 낙선한 경험이 있다. 그런데 두 번의 정치 경험 또한 남들과는 다르다. 같은 정당이 아니었다. 정치적 신념을 위해서라기보다 자신의 상상을 구현해 보고 싶은 욕심이 더 컸을 것이다. 나와 정치적 이해관계가 있냐는 질문에 답하자면 '그렇지 않다'이다. 단지 나는 그의 상상력을 신뢰하는 편이다. 망상으로만 끝났다면 인연이 오래가지 않았을 것이다. 그는 연필심같이 단단한 사람이다. 그가 언젠가 다시 선거에 나가 정치인이 될지는 알 수 없는 일이다. 하지만 그는 언젠가 반드시 지금보다 훨씬 많은 사람에게 편의와 행복을 가져다줄 거라 확신한다."

전 대표에게 남기고 싶은 말이 있다면?

"전 대표는 한 번 뱉은 말은 끝까지 지키는 사람이다. 믿음이나 신뢰를 가장 중요한 가치라고 생각하기 때문이다. 가진 것 없는 사람이 자동차 업계의 백종원이라는 소리를 듣게 된 건 다 그의 이런 가치를 믿어준 주변 사람들이 힘을 보탰기 때문이다. 처음 본 사람들은 나처럼 그를 망상가라고 생각할 수 있다.

하지만 그와 대화하다 보면 그의 입에서 나오는 소리가 꽤 긴 시간 숙성돼서 나오는 소리라는 걸 알게 된다. 그런 점에서 나는 그에게 좀 더 많은 헛소리(?)를 해 달라고 요구하고 싶다. 언젠가 현실이 될 것이라는 믿음이 있기 때문이다. 끊임없이 상상하고 설계하는 그를 오래도록 지켜보고 싶다."

내가 본 전은태-3

신용일 쌍용자동차 천안중앙대리점 대표

신용일 쌍용자동차 천안중앙대리점 대표는 4대, 5대 천안시의원을 지냈다. 전은태 〈차놀자〉 대표가 멘토라 여기는 사람이다. 자동차 딜러를 하던 시절부터 인연을 맺었다. 전 대표는 신 대표 덕에 큰 사고 없이 사업을 키울 수 있었다고 믿고 있다. 그런데 신 대표는 전 대표가 나이 드는 게 다행이라고 말했다. 무슨 말인지 자세히 들어보자.

#폭주 기관차 #무모함 #실패 #학습 #잔소리 #공부 #스승

전 대표와의 인연은

"20여 년 전 자동차 판매대리점 대표와 신입사원으로 만났다. 열정이 넘치는 사람이었다. 영업 방식도 남들과 달라 실적이 좋았다."

'전은태=폭주 기관차'라고 말한다는데 무슨 의미인가?

"한 번 꽂히면 직진하는 스타일이다. 한마디로 브레이크가 없는 사람이다. 난 돌다리도 두드려 보는 스타일이다. 그래서 늘 그의 무모함(?)을 걱정했다. 다행인 건 대부분 사업을 성공시켰다는 점이다. 솔직히 말하면 그의 무모함이 부럽기도 하다."

실패한 사업도 있단 얘기인가?

"있긴 있었다. 사업 규모가 크지 않아 다행이라면 다행이었다. 그 밖에도 몇 번 손해를 본 사업이 있는 것으로 안다. 그런데 한두 번 실패하더니 그 또한 학습의 결과로 받아들이더라. 그 뒤로는 같은 실수를 반복하지 않았다. 지금은 한눈팔지 않고 렌터카 사업에 집중하는 것 같아 안심이다."

여전히 불안해하는 것처럼 느껴진다 (웃음)

"아마도 청년 전은태를 보며 불안해했던 기억이 살아있나 보다. (웃음) 전 대표는 아이디어가 좋고 집중력이 좋은 사람이다. 젊어서는 막지르고 바로 지르는 스타일이어서 뒷덜미를 잡느라 바빴다. 하지만 나이가 들면서 신중함과 성숙함이 더해지더라. 괜한 잔소리를 했나 싶을 정도다."

돈 빌려달라면 빌려줄 건가 (웃음)

"안 빌려줄 거다. (웃음) 사실은 내 도움이 필요 없는 사람이다. 자꾸 남이 가지 않은 길을 가려 하니 잘 됐으면, 실수하지 말았으면 하는 마음에 잔소리가 많지만 가끔은 부러울 때가 있다. 남들이 볼 때는 막 나가는 듯 보이지만 사실은 틀을 만들 때까지 많은 생각과 공부를 하는 사람이다."

서로에게 필요한 사람이라는 생각이 든다

"필요하다기보다는 서로를 걱정하는 사이라는 말이 맞을 듯하다. 20대에 그를 보았고 고생했던 시절부터 성공하는 과정까지 모두 지켜봤다. 어려울 때마다 찾아와 조언을 구하니 나로서는 고마운 일이다. 주변 사람들에게 신용일은 내 스승 같은 사람이라고 할 때마다 내가 조금이라도 보탬이 된 것 같아 뿌듯해지곤 한다."

전 대표에게 하고 싶은 말이 있다면?

"여전히 돌다리도 두들겨 보고 가라는 말을 하고 싶다. 전 대표는 창의적인 사람이다. 없는 법도 만들어 낼 사람이다. 그 과정이 절대 쉽지 않을 것이다. 더 나아가고자 하는 그를 응원한다. 지금까지 잘해왔고 앞으로도 잘 해낼 거란 걸 믿는다. 그렇지만 난 여전히 그의 뒷덜미를 잡을 것이다. 누군가는 속도를 조절해 주는 사람이 필요하기 때문이다. 때로는 다툴 수도 있고 실망할 수도 있겠지만 그나마 내가 그 역할에 어울리는 사람이라고 생각한다. 이제 잔소리 좀 그만하라고 해도 한동안 잔소리꾼으로 곁을 지킬 각오가 돼 있다. (웃음)"

결핍이 만든 행복

초판 1쇄 발행 2023년 11월 20일

지은이	전은태
발행인	윤성희
편집	노준희
디자인	하이웨이브디자인

펴낸곳	더좋은출판
출판등록	제2023-000002호
팩스	050-4242-7601
주소	충남 천안시 서북구 불당34길 3-16 203호
전자우편	thejoenbook@naver.com

ISBN 979-11-984121-8-8
값 8,000원

- 이 책은 저작권법에 따라 보호받는 저작물이므로 무단 전재와 복사를 금합니다.
- 이 책 내용 일부 또는 전부를 이용하려면 저작권자와 출판사의 동의를 받아야 합니다.
- 잘못 만들어진 책은 구입처에서 교환해드립니다.